当代中国
农村地区社会资本研究

中国政治发展与比较政治

Social Capital in Contemporary Rural China

夏 敏 著

社会科学文献出版社
SOCIAL SCIENCES ACADEMIC PRESS (CHINA)

总　序

中国政治学和比较政治发展理论是双向互动的关系。一方面，比较政治发展理论为中国政治的研究提供了概念、理论、分析框架和研究方法。改革开放以后，中国政治学的重建，一直依靠从西方的"取经"。在政治学的理论和概念上，当下中国政治学讨论的热门话题往往也是由比较政治学引入的（如"中产阶级""社会资本""公民社会"等）。现有对中国政治的实证研究，大部分依靠从比较政治发展理论推导出来的假设，在中国政治丰富的材料中，通过实证的角度进行证实或者证伪。因此，比较政治发展理论为中国政治的研究提供了多方面的养料。另一方面，由中国政治推导出来的经验、理论和方法，也促进了比较政治发展理论的创新和完善。现有的比较政治发展理论，主要基于西方社会的研究，其中往往隐含了一些未经言明的基本预设。这些基本的预设符合西方社会的实际，但是又不可避免地具有偏见和盲点。而基于中国政治研究的成果，可以有效对这些偏见和盲点进行反省，展开进一步的讨论，从而提炼升华出新概念、新理论和新的研究方法。

在今天这样一个全球化时代，中国政治发展如何处理好国际经验与本土经验的关系，如何在与其他国家和地区的政治发展比较中发现自身的优势和不足，如何从自身发展困顿中突围，在改革中加快行进的步伐，成为我国政治学界面临的新课题。一个与世界联系越来越紧密却又充满许多机遇和挑战的中国，比历史上任何时候都更加迫切地需要对其他国家政治发展有深入的体察，需要从全球比较政治的视野来观照自己的政治发展。

中国人民大学国际关系学院体察到这一情势，筹划、组织了"中国政治发展与比较政治"这套丛书，内容涉及政治学理论、比较政治制度、中国政治等学科领域，丛书作者大都是我院政治学系的中青年学术骨干，这套丛书是他们在自己相关学科领域的最新研究成果。其中相当大一部分是在他们博士学位论文的基础上修改、加工而成。经过我院学术委员会的推选，将陆续列入出版计划。学无止境，我们期望这套丛书的出版，能够增进政治学界的学术交流，为不断促进政治学的繁荣和中国政治发展作出有益的贡献。

中国人民大学在国内最早开展政治学的研究与人才培养，迄今一直保持为该领域国内最具优势地位的大学之一。经过几代中国人民大学政治学人的努力，中国人民大学政治学科形成了自己的鲜明特色。一是注重基础理论研究。政治学是一个理论性很强的学科，注重基础理论的研究，是中国政治学发展的基石。当下中国政治学研究中的基础理论研究薄弱，理论创新不足，没有形成自己的科学的政治学体系，对重大的现实问题没有提出有说服力的理论阐释。中国政治学必须下大工夫加强基础理论研究，创建自己的政治学体系。基于以上认知，中国人民大学政治学系围绕着政治学基础理论中的重大命题，如国家理论、民主理论、主权理论等进行了深入的研究和探索，取得了可喜的研究成果。二是注重现实问题研究。政治学本质上是治国安邦、经世致用之学，关注现实问题的研究是中国政治学的生命力之所在。政治学者应具有强烈的"问题意识"，紧紧抓住中国政治和社会生活中的现实问题，根据现实社会提出的要求，确定研究任务，为现实政治服务。中国人民大学历来就有理论联系实际的传统，政治学也不例外。在政治学研究中非常注重对当代中国政治发展中的现实问题进行深入研究，为党和国家提供决策咨询服务。

丛书的策划和出版得到社会科学文献出版社领导的大力支持。对此，我们表示衷心的感谢。本成果受到中国人民大学"211工程""985工程"的支持，对此我们也深表谢意。

由于政治学在我国的发展时间不长，学科体系尚不成熟，许多基本概念和范畴也未能达成共识，作者的观点难免有偏颇之处，敬请专家、同行和广大读者批评指正。

"中国政治发展与比较政治"丛书编委会
2012年5月

目 录

第一章 导论 / 1

  第一节 研究问题的由来 / 1

  第二节 社会资本的概念 / 3

  第三节 社会资本的效应 / 7

  第四节 对国内社会资本研究的综述 / 10

  第五节 研究方法与样本 / 15

  第六节 本项研究的重要性 / 18

第二章 我国农村地区社会资本的存量 / 19

  第一节 发展中国家的社会资本 / 19

  第二节 中国的社会资本 / 21

  第三节 我国农村的制度变迁 / 27

  第四节 社会资本的测量 / 29

  第五节 建构一个立足我国农村场景的测量框架 / 33

  第六节 结论 / 44

第三章 社会资本与中国农村的社会经济发展 / 46

  第一节 理论性探讨与检验性假设 / 47

  第二节 中国农村地区的经济发展 / 55

  第三节 测量农村发展绩效 / 61

  第四节 案例分析 / 69

  第五节 多变量回归分析 / 74

第六节 结论 / 76

第四章 社会资本和农村基层治理 / 78

第一节 文献回顾和理论探讨 / 78
第二节 农村基层治理制度的演变 / 84
第三节 治理表现的测量 / 92
第四节 待检验的假设和案例研究 / 98
第五节 多变量回归分析 / 104
第六节 结论 / 108

第五章 社会资本与村民的民主价值观 / 110

第一节 社会资本与政治信任 / 110
第二节 社会资本与民主价值观 / 116
第三节 社会资本与公共精神 / 121
第四节 结论 / 127

第六章 社会资本和中国农村的政治参与 / 130

第一节 前期文献成果和理论探讨 / 130
第二节 农村的基层民主与政治参与 / 134
第三节 社会资本和村民的常规政治参与 / 137
第四节 社会资本与非常规政治参与 / 145
第五节 结论 / 150

第七章 总结 / 151

第一节 对实证研究结果的总结 / 151
第二节 经验研究的理论意义 / 154
第三节 社会资本在中国农村中的作用 / 158

参考文献 / 165

后　记 / 183

第一章 导论

第一节 研究问题的由来

社会资本会促进经济发展与民主进步吗？这是社会资本理论家经常研讨的一个重要理论问题。基于对西方社会进行的一系列实证分析，诸如像罗伯特·普特南（Robert Putnam）、约瑟夫·斯蒂格利茨（Joseph Stiglitz）这样的理论大师都认为，答案是肯定的，社会资本能够促进一个社会的经济增长与政治发展。斯蒂格利茨强调，社会资本理论代表了发展领域研究的第三次范式革命：第一代发展理论的范式强调实物资本的重要性，第二代发展理论的范式重视人力资本的作用，而第三代发展理论的范式则关注社会资本的政治经济效应。

那么这些基于西方社会经验的理论适用于广大的发展中国家尤其是像中国这样的转型期的国家吗？对这一问题的理解，对发展中国家来说，无疑具有非常重要的意义。如果基于西方社会实证经验的社会资本理论同样适用于发展中国家，那么发展中国家在进行自身的现代化建设之时，就不应该仅仅是引进西方的技术、资金和人才，而是应该更多投资于国民教育，重视积累无形的社会资本，因为无形的社会资本才能为一个国家与社会走上长久发展之路奠定的基石。

大量的社会资本研究文献认为，所谓社会资本通常可以被理解为一个社会的公民所拥有的一套公民规范和社会网络。它会产生社会公众之间的善意与相互理解，从而使得这个社会的公民以一种合作的方式行动，以解决许多仅仅依靠政府与市场无法实现的公共问题。这些研究文献进一步指出，一个社会或者社区如果拥有存量丰富的社会资本，那么它将会在很多领域取得较高的回报，比如经济的高效发展、社会治安的稳定以及民主体制的有效运转等。而如果一个社会或者社区社会资本比较匮乏，那么它们在这些领域的表现就会比较糟糕。更进一步的是，这些研究文献认为，一个社会或者社区所拥有的社会资本存量并不是一成不变的,社会资本存量较少的社会或社区如果能够主动进行改革、推行有效的政策,就能逐渐积累起社会资本,久而久之,就能改善其在上述领域中的表现。总的来说,经济发展、政府绩效与民主治理都能够通过社会资本的投资与积累而得以改善。

当然不得不承认的是,绝大多数关于社会资本的实证研究都是基于西方社会的经验事实。这种基于西方社会经验的社会资本在像中国这样的发展中国家存在吗?如果存在,那么其对于诸如经济发展、政府绩效与民主治理等方面的影响体现在哪里?如果不存在或者存量很少的话,那么积累社会资本的最优路径又是什么呢?尽管这些问题对于理解中国社会经济与政治的发展至关重要,但是令人遗憾的是,现存对中国社会资本的研究成果要么集中于城市,要么只关注社会资本一个或两个方面的影响。

本书的研究目的就在于试图回答以上问题,进而弥补现有研究文献的不足。具体说来,本书的创新之处主要体现在以下三个方面。第一,本书设计了一个立足于我国农村场景的社会资本测量框架,区分了两种类型的社会资本:跨越型社会资本(bridging social capital)和紧密型社会资本(bonding social capital),并通过对来自9个省与直辖市的348个农村的实证数据分析,勾勒了两种社会资本在我国农村地区的存量分布。与以往的诸多研究不同,本书的研究更多侧重于定量研究,并充分运用一项完成于2013年的、具有代表性的农村民意调查。该调查覆盖了9个省与直辖市的348个农村,调查获取了3698位村民与348位村干部(村委会主任或村党支部书记)两个层面的数据。这样一种基于大规模样本获得的数据,能够更为精确、更为全面地描述社会资本在我国农村地区的存量分布,从而克服了以往诸多研究往往依赖于片面的、印象式的描述所导致的缺乏代表性、缺乏精确性的研究缺陷。

第二,本书进行了宏观与微观的二分,把社会资本的宏观效应与微观效应进行了分别处理。具体说来,本书在宏观层面同时考察了两类社会资本(跨越型社会资本和紧密型社会资本)对村庄经济发展与民主治理的影响。这种宏观层面的分析主要依据348个农村的村庄层面的综合数据而进行,并辅以8个典型村庄的深度案例分析。通过宏观层面的考察,本书详细解释了两类社会资本(跨越型社会资本和紧密型社会资本)对中国农村经济发展与民主治理的具体影响机制。

第三，就社会资本的微观效应而言，本书考察了社会资本在个体层面上是如何影响村民个人的民主价值观念与政治参与行为的。这种微观层面的分析主要依赖 3698 位村民的个人数据而进行，通过运用多元回归模型，本书详细解释了两类社会资本（跨越型社会资本和紧密型社会资本）对村民个人政治参与行为、个人民主价值观念的具体影响过程。

第二节 社会资本的概念

在过去三十年里，社会资本理论流行于社会科学的各主要学科之中，如社会学、经济学、政治学以及管理学等。举例来说，在 1981 年以前，以社会资本作为关键词在美国《社会科学引文索引》（SSCI）收录期刊中进行检索，检索结果表明，以社会资本作为关键词的学术论文仅有 20 篇。然而，在 1996 年至 1999 年间，如果同样以社会资本作为关键词在美国《社会科学引文索引》收录期刊中进行检索，这个数字就上升至 1003 篇。[①] 不同学科的学者都从各自的视野与角度来定义社会资本。在此，笔者将对不同学科中的社会资本概念进行简要的论述，并将探究政治学学科是如何定义社会资本的。基于对社会资本概念的回顾，笔者将给出一个在本书中所使用的社会资本概念的定义。

社会资本概念最早被使用于社会学学科中。社会学学科里有关社会资本的当代阐述最早可以追溯至皮埃尔·布迪厄（Pierre Bourdieu）和詹姆士·科尔曼（James Coleman）的著作。布迪厄在对社会资本进行概念化时强调了获得资源的重要性以及不平等权力关系的问题。布迪厄主张，"在不同的意义上，社会资本都是实际或潜在资源的累积，这些资源［的拥有］与一种持久性的网络占有状态相关，而这个网络或多或少是彼此熟悉和赏识的制度化关系；或者，换句话说，这些资源与群体成员资格有关，而该资格则为每一个成员提供集体共有资本的支撑，以及一个他们信任彼此的凭据。"[②] 根据布迪厄的这一定义，社会资本与社会网络中的资源有关，该网络能被社会个体用以实现他们的抱负。但是，在一个社会之中，这样的

---

① Frances Baum, "Social Capital, Economic Capital and Power: Further Issues for a Public Health Agenda," *Journal of Epidemiological Community Health* 54, no. 6 (2000): 409–410.
② Pierre Bourdieu, "The Forms of Capital," in John G. Richardson, eds., *Handbook of Theory and Research for the Sociology of Education* (New York: Greenwood Press, 1986), p. 248.

社会网络或多或少是制度化的,那些被该网络排斥在外的社会个体,或者那些无法获得该网络成员资格的社会个体就不能够利用这些资源。

詹姆士·科尔曼沿用了布迪厄的定义方法,认为"由社会资本概念所带来的功能就是认可了社会结构的一些方面对于行为者的价值,这些方面一如资源一样,可以为行为者所用以实现自身的利益"。① 与此同时,科尔曼通过运用理性选择理论加强了社会资本理论与经济学的联系,从而完善了布迪厄的概念化工作。在社会资本的定义里,科尔曼全面汲取了社会学和经济学的理论观点,他通过勾勒社会资本的功能来对其下定义:"社会资本不是一个单一实体,而是包含了多种不同的实体,这些实体拥有两个共同特征:首先,它们都是由社会结构的某些层面构成;其次,它们便利了结构中行为者的特定行为,无论是个人抑或团体。"②

社会学的当代社会资本研究者深受这一定义的影响。尽管概念可能有所变化,但是社会学领域里的社会资本研究者所给出的定义一般都认同了科尔曼所描述的两个基本特征:第一,社会资本的定义更多地与社会网络中的资源相关;第二,社会资本被视为是一种个人属性,用以追逐个人的利益。

在政治学领域,迄今最有影响力的社会资本理论家无疑当属罗伯特·普特南。他提出了在政治学和经济学学科中最为精练的社会资本的定义。普特南与其社会学前辈们的区别主要有两点。第一,布迪厄和科尔曼把社会资本视为个人的属性,而普特南却把它发展为社会或社区的群体属性。罗伯特·普特南把社会资本定义为网络、规范和信任,它们能使参与者共同行动、更加有效地追求集体目标。③ 第二,布迪厄和科尔曼强调社会资本能用于追逐个人利益,而普特南则更加关注社会资本在社会或社区层面上的效应。换言之,普特南更加关注社会资本能够为一个社会或社区带来的整体性益处。

普特南把对意大利地方治理的分析作为其研究社会资本的开端。在其

---

① James Coleman, *Foundations of Social Theory* (Cambridge: Harvard University Press, 1990), p. 305.
② Ibid., p. 302.
③ Robert Putnam, *Bowling Alone: Collapse and Revival of American Community* (New York: Simon & Schuster, 2000); Robert Putnam, Robert Leonardi, and Raffaella Nanetti, *Making Democracy Work: Civic Traditions in Modern Italy* (Princeton: Princeton University Press, 1993).

开创性的著作《使民主运转起来》一书中，普特南等学者把"社会组织生活的活力"视为社会资本的一个重要组成部分，是影响意大利不同地方政府治理质量的关键性因素。他发现，拥有较少存量社会资本的地区（在这里社会资本是以社会组织的数目和参与以及信任度来测量的），如意大利南部，政府治理通常不太成功，存在着严重的效率低下和腐败问题。①

这部著作引出了普特南的第二部影响深远的畅销书《独自打保龄》。在该书中，普特南指出美国人在公民团体、宗教组织、工会、专业组织以及非正式社会交往活动方面的参与度呈下降趋势。保龄球曾是美国社会里不同社会团体经常举办的、高度社团化的活动之一。可是现在，越来越多的美国人选择独自打保龄球。在普特南的书中，社会资本"是指个人之间的联系——社会网络，以及由此而产生的互惠互利和彼此信任的规范。从这个意义上说，社会资本与所谓的'公民美德'密切相关。区别就在于'社会资本'关注这样一个事实，即当植根于一个密集的社会互惠互利关系网络中时，公民美德的力量就会极为强大"。②

尽管不同学者强调社会资本的不同侧面，但是大多数学者都认为社会资本至少由两个不同的维度构成。③ 在本书中，笔者会采纳帕梅拉·帕克斯顿（Pamela Paxton）对社会资本的概念化框架来定义社会资本。社会资

---

① Robert Putnam, Robert Leonardi, and Raffaella Nanetti, *Making Democracy Work: Civic Traditions in Modern Italy* (Princeton: Princeton University Press, 1993).
② Robert Putnam, *Bowling Alone: Collapse and Revival of American Community*, p. 19.
③ Coleman, *Foundations of Social Theory*; Putnam, *Bowling Alone: Collapse and Revival of American Community*; Robert Putnam, Robert Leonardi, and Raffaella Nanetti, *Making Democracy Work: Civic Traditions in Modern Italy*; John Brehm and Wendy Rahn, "Individual-Level Evidence for the Causes and Consequences of Social Capital," *American Journal of Political Science* 41, No. 3 (1997): 999 – 1023; Peter A. Hall, "Social Capital in Britain," *British Journal of Political Science* 29 (1999): 417 – 461; Anirudh Krishna, *Active Social Capital: Tracing the Roots of Development and Democracy* (New York: Columbia University Press, 2002); David Halpern, *Social Capital* (Cambridge, UK: Polity, 2005); Robert Putnam and Kristin A. Goss, "Introduction," in Robert Putnam, eds., *Democracies in Flux: The Evolution of Social Capital in Contemporary Society* (New York: Oxford University Press, 2002), pp. 3 – 19; Kenneth Newton, "Social Capital and Democracy," *American Behavioral Scientist* 40, No. 5 (1997): 575 – 586; John A. Booth and Patricia Bayer Richard, "Civil Society, Political Capital, and Democratization in Central America," *Journal of Politics* 60, No. 3 (1998): 780 – 800; Deepa Narayan and Lant Pritchett, "Social Capital: Evidence and Implications," in Partha Dasgupta and Ismail Serageldin, eds., *Social Capital: A Multifaceted Perspective* (Washington, DC: World Bank, 2000), pp. 269 – 295.

本的两个不同维度包括"客观社会联系"和个人之间的"主观纽带"。客观社会联系,或者社会网络,指的是那些正式和非正式的社会组织,它们在个体意愿与平等的基础之上形成、运转。主观纽带,或者说规范,主要指的是社会个体之间的信任和互惠互利。①

此外,普特南认为,上述两个维度是密切相关的。那些广泛参与横向(horizontal)组建的社会网络的公民,更倾向于认为社会其他个体是可信赖的而且是有帮助的。然而,在纵向(vertical)组建的社会网络中,成员之间的社会关系呈现为等级制,这不但不能建立起互惠互利的规范,而且事实上,还会削弱该规范。正如普特南等学者所说,"一个纵向的社会网络,无论它有多密集、对它的成员有多重要,它都不能维系社会信任与合作。信息的纵向流动总是没有信息的横向流动可靠"。② 信息的纵向流动总会存在上级与下级之间的相互隐瞒与欺骗,也总存在着信息交流之间的不对等现象。更重要的是,在一个纵向的社会网络之中,如果上级不遵守互惠互利的规范、采取机会主义的行为,下级很难对上级进行制裁。而在一个横向的社会网络之中,社会成员之间会通过施加制裁来抗衡机会主义的威胁,从而保障互惠互利规范的遵守。

此外,一些学者还区分了社会资本的两种形态:跨越型社会资本与紧密型社会资本。③ 这两种形态的社会资本在克里希奈的著作中又被称作现代型社会资本(modern social capital)和传统型社会资本(traditional social capital)。④ 跨越型社会资本被定义为诸如松散的朋友和同事等不同的社会群体成员间的社会交往网络和纽带。跨越型社会资本的范例包括民权运动、青年服务组织以及基督教等宗教组织。紧密型社会资本是指有着类似境遇的人们之间的社会交往网络纽带,也即直系亲属、心腹之交和左邻右

---

① Pamela Paxton, "Is Social Capital Declining in the United States? A Multiple Indicator Assessment," *American Journal of Sociology* 105, No. 1 (1999): 88 – 127.

② Robert Putnam, Robert Leonardi, and Raffaella Nanetti, *Making Democracy Work: Civic Traditions in Modern Italy*, pp. 173 – 174.

③ Paxton, "Is Social Capital Declining in the United States? A Multiple Indicator Assessment;" Sonja Zmerli, "Applying the Concepts of Bonding and Bridging Social Capital to Empirical Research," *European Political Science* 2, No. 3 (2003): 68 – 75; Robert Wuthnow, *Loose Connections: Civic Involvement in America's Fragmented Communities* (Cambridge: Harvard University Press, 1998); Michael Woolcock, "Social Capital and Economic Development: Toward a Theoretical Synthesis and Policy Framework," *Theory and Society* 27, No. 2 (1998): 151 – 208.

④ Krishna, *Active Social Capital: Tracing the Roots of Development and Democracy*.

舍之间的纽带。紧密型社会资本的范例则包括家庭和朋友间的亲密纽带。①

在本书中，笔者将按照普特南对这两类社会资本的定义，并沿着两个维度——客观社会联系与主观纽带，对两种形态的社会资本进行分析。在第二章里，笔者将论述在中国农村的场景之下如何对社会资本进行测量，并进而提出一个适合我国农村场景的社会资本测量框架。

第三节 社会资本的效应

基于对西方社会经验事实的考察，一些社会资本理论家指出，充足的跨越型社会资本会促进一个社会的经济发展、政府绩效与民主治理。② 跨越型社会资本能够保护其成员不受其他成员寻租（rent-seeking）行为的危害。拥有大量跨越型社会资本的参与者会控制其机会主义的行为。这是因为：第一，他们很可能处于同一社会网络中，因此他们需要在社会网络内部维持其声誉，并避免受到惩罚；第二，通过限制自身的机会主义行为，他们期望其他成员以同样的方式进行回馈。与此同时，跨越型社会资本往往会超越不同的社区与社会阶层。所以，它会为整个社会带来积极的影响，整合社会的不同部分。③

然而，学者们对于紧密型社会资本的影响还存在诸多争论。一方面，一些学者认为紧密型社会资本对于一个社会中的经济增长、政府治理绩效与民主运转没有影响，或者甚至产生负面的影响。④ 紧密型社会资本源于亲密的朋友和家人之间的人际网络。在这些小型团体之中，显然不可能存

---

① Putnam, *Bowling Alone: Collapse and Revival of American Community*.
② Stephen Knack, "Social Capital and the Quality of Government: Evidence from the States," *American Journal of Political Science* 46, No. 4 (2002): 772 – 785; Eric Uslaner, *The Moral Foundations of Trust* (New York: Cambridge University Press, 2002).
③ Knack, "Social Capital and the Quality of Government: Evidence from the States;" Stephen Knack and Philip Keefer, "Does Social Capital Have an Economic Payoff? A Cross-Country Investigation;" Wuthnow, *Loose Connections: Civic Involvement in America's Fragmented Communities*; Uslaner, *The Moral Foundations of Trust*; Zmerli, "Applying the Concepts of Bonding and Bridging Social Capital to Empirical Research."
④ Knack, "Social Capital and the Quality of Government: Evidence from the States;" Francis Fukuyama, "Social Capital and Development: The Coming Agenda," *SAIS Review* 22, No. 1 (2002): 23 – 37; Zmerli, "Applying the Concepts of Bonding and Bridging Social Capital to Empirical Research."

在着机会主义的行为，因为团体成员之间的关系过于紧密，谁也没有胆量冒着风险毁坏自己的声誉，对自己的朋友和家人采取机会主义的寻租行为。但是，紧密型社会资本并不能减少这些小团体之外的机会主义行为，在这些小团体之外，社会个体即便采取了机会主义的寻租行为，他们也并不在乎自己的声誉因此而受损。因此，紧密型社会资本的存量水平越高，社会中就越容易出现利己主义的寻租行为，社会成员就越会变得自私自利，缺乏对社会公共利益的关注。

既往一些关于社会经济发展的实证分析进一步肯定了对跨越型社会资本和紧密型社会资本进行区分的重要性。[①] 以实证研究的角度来看，跨越型社会资本有益于社会经济的发展；而紧密型社会资本却无益于社会经济发展。紧密型社会资本有助于强化网络内部的特定性互惠互利，并维持网络内部的团结。[②] 然而，如果没有跨越型社会资本来弥合社会分歧（比如，宗教、种族以及社会经济地位上的分歧），那么紧密型社会资本就会成为追逐狭隘利益的基础，并将极大地阻碍人们之间分享信息与资源。相反，跨越型社会资本"更适合于与外部网络联结，更适合信息扩散"，所以"能够产生更大范围的认同与互惠互利"。[③]

另一些学者主张，在某些特殊情况下，紧密型社会资本对公共产品的供应有着积极影响，而这对于一个社会的发展无疑非常重要。任教于美国麻省理工学院的蔡晓丽教授对中国农村的实证研究发现，连带性团体（solidary groups）——诸如寺庙、宗族或者部落——能够提供非正式的规范与准则，如果该团体与地方政府的行政边界相重叠，那么这些规范与准则就有助于公民确保地方官员履行其责任。[④] 这些连带性团体如果把其成员都集中到一个特定的地方政府的管辖之下，同时也把地方官员囊括到自

---

① Knack, "Social Capital and the Quality of Government: Evidence from the States;" Sjoerd Beugelsdijk and Ton van Smulders, "Social Capital and Growth in European Regions: An Empirical Test," *European Journal of Political Economy* 21 (2005): 301 - 324; Knack and Keefer, "Does Social Capital Have an Economic Payoff? A Cross-Country Investigation;" William A. Callahan, "Social Capital and Corruption: Vote Buying and the Politics of Reform in Thailand," *Perspectives on Politics* 3, no. 3 (2005): 495 - 508.

② Putnam, *Bowling Alone: Collapse and Revival of American Community*, p. 22.

③ Ibid., pp. 22 - 23.

④ Lily Lee Tsai, "Cadres, Temple and Lineage Institutions, and Governance in Rural China," *The China Journal* 48 (2002): 1 - 27; and idem, "Solidary Groups, Informal Accountability, and Local Public Goods Provision in Rural China."

身的活动之中，那么，这些连带性团体就会有助于改善地方治理和公共产品的供应。

在讨论社会资本的效应时，一个关于宏观与微观的二分框架是非常必要的。正如笔者在讨论社会资本的定义时所提到的，不同的学者对于社会资本到底是一个个人层面的个体属性，还是一个社区层面的群体属性，实际上是有着不同看法的。以普特南为首的社会资本理论家倾向于把社会资本看做一个社区层面的群体性概念，因此他们的研究主要集中在讨论一个社会或社区所拥有的社会资本存量对于其经济增长、政府治理以及民主运转的影响。

笔者进行的以上综述与评价都是基于宏观层次的分析。但是，笔者认为对于社会资本效应的分析还应有一个微观的层面，正如科尔曼等人所强调的，社会资本同时也具有个人层面的个体属性。笔者发现从微观层面的角度出发，以往已经有相当多的文献讨论过个人所拥有的社会资本数量会怎样影响他对于民主体制的信念、对政治参与的态度以及所采取的实际政治行为。①

因此，在本书中笔者采取了一个综合性的分析框架来分析社会资本对我国农村地区的影响。笔者的研究既包括了宏观层次的分析，也就是讨论一个村庄所拥有的两种不同类型的社会资本的存量多寡对于其经济发展以及政府治理会产生何种影响；也包括了微观层次的分析，也就是讨论一个村民个人所拥有的两种不同类型的社会资本的存量多寡对于其参与农村基层民主的行为与观念会产生何种影响。

具体来说，在宏观层面上，本书使用了2013年在348个农村进行的社会调查数据来考查我国农村地区一个村庄所拥有的两种不同类型的社会资本存量对于其经济发展以及政府治理产生的影响。本书第三章的重点是分析一个村庄所拥有的两种不同类型的社会资本存量对于其经济发展的影响。而第四章则主要详述一个村庄所拥有的社会资本存量对于其政府治理

---

① Boix and Posner, "Social Capital: Explaining Its Origins and Effects on Government Performance;" Brehm and Rahn, "Individual-Level Evidence for the Causes and Consequences of Social Capital;" Newton, "Social Capital and Democracy;" Larry Diamond, "Rethinking Civil Society: Toward Democratic Consolidation," *Journal of Democracy* 5, no. 3 (1994): 4 – 17; and idem, *Developing Democracy: Toward Consolidation* (Baltimore and London: The Johns Hopkins University Press, 1999).

的影响。当考察社会资本对经济发展和政府治理的影响时，笔者还将其他竞争性因素也都考虑在内，包括村庄规模、与集镇的距离和区域位置。因为这些因素可能也会影响到我国农村地区不同类型的社会资本发挥作用的方式，以及社会资本是如何对经济发展和政府治理施加重要影响的。

与此同时，在微观层面上，本书使用了同一次社会调查的数据考察了在我国农村地区，村民个人所拥有的两种不同类型的社会资本的存量对于其参与农村基层民主的行为与观念会产生何种影响。本书的第五章主要阐述了村民个人所拥有的社会资本对于其参与农村民主政治生活的影响。而本书的第六章则将重点放在分析村民个人所拥有的两种不同类型的社会资本对于其民主价值观念与态度的影响。

第四节 对国内社会资本研究的综述

自从社会资本理论从西方学术界引入以来，以社会资本为主题的理论探讨和实证研究成为中国社会科学研究的一个热点。社会学学者主要考察了中国社会不同社会阶层的社会资本状况[1]，以及社会资本对个人经济社会政治地位获得的作用等。[2] 政治学学者则主要研究了在微观层面社会资本对个体政治行为的影响[3]，以及在宏观层面对政治制度的影响。[4] 经济学学者主要探讨了社会资本对一个地区经济发展的宏观影响以及企业家的社会网络对于其个人商业行为的影响。

社会资本研究领域的重要学者林南认为，社会资本可以被定义为嵌入

---

[1] 边燕杰：《城市居民社会资本的来源及作用：网络观点与调查发现》，《中国社会科学》2004年第3期；张文宏：《中国社会网络与社会资本研究30年（上）》，《江海学刊》2011年第2期；张文宏：《中国社会网络与社会资本研究30年（下）》，《江海学刊》2011年第3期；胡荣、胡康：《城乡居民社会资本构成的差异》，《公安研究》2009年第4期。

[2] 周玉：《社会网络资本与干部职业地位获得》，《社会》2006年第1期；赵延东：《再就业中的社会资本：效用与局限》，《社会学研究》2002年第4期。

[3] 胡荣：《社会资本与中国农村居民的地域性自主参与》，《社会学研究》2006年第2期；胡荣：《社会资本与城市居民的政治参与》，《社会学研究》2008年第5期；孟天广、马全军：《社会资本与公民参与意识的关系研究——基于全国代表性样本的实证分析》，《中国行政管理》2011年第3期。

[4] 陈捷、卢春龙：《共通性社会资本与特定性社会资本——社会资本与中国的城市基层治理》，《社会学研究》2009年第6期；马得勇：《乡村社会资本的政治效应：基于中国20个乡镇的比较研究》，《经济社会体制比较》2013年第6期。

社会结构中的可供有目的的行动摄取和动员的资源。① 根据这一定义，社会资本这一概念包含了三个要素：结构的（嵌入性）、机会的（可摄取性）和行动导向的（目的性）。与此相对应，社会资本的研究也就存在三个领域：社会网络、民间参与和普遍信任。

边燕杰也从三个角度定义社会资本：首先，社会资本是社会网络关系；其次，社会资本是社会网络结构，这一社会网络结构约束和规范了个人行为；最后，社会资本是一种社会网络资源，是可供其成员个体动员和使用的社会网络中的嵌入性资源。②

罗家德和赵延东遵循了西方学术界的传统，从个体/集体层次或微观/宏观层面来定义社会资本。③ 他们认为个体社会资本是外在于个体的社会资本或私人物品，它主要包括微观的个人社会网络及其蕴含的资源；集体社会资本则是一个社会/社区内部的社会资源或公共产品，指宏观的群体内部的社会交往与互信，以及促成集体行动并创造资源的组织结构方式。

在概念梳理和理论探讨的基础上，学者们也对中国的社会资本进行了实证研究。从社会学的角度，学者们主要考察了不同社会阶层的社会资本状况，以及社会资本对个人经济社会政治地位获得的作用等。胡荣、胡康通过地方性随机抽样样本比较了城乡居民社会资本构成的差异。他们认为这一差异主要表现在团体活动参与程度及社团参与数量、对他人信任程度以及互惠规范等三个方面。④ 边燕杰则发现，在城市居民中，社会资本的人际差异也相当明显，这种差异主要来源于阶级阶层地位和职业所赋予的社会关联度。⑤ 张文宏则研究了阶层地位对城市居民社会网络性质（工具性或情感性）的影响。⑥ 朱旭峰则重点研究了中国政治精英个人所拥有的

---

① Nan Lin, "Social Capital: Contending Paradigms and Empirical Evidence," *Hong Kong Journal of Sociology* 2（2001）：1 - 38.
② 边燕杰：《城市居民社会资本的来源及作用：网络观点与调查发现》，《中国社会科学》2004 年第 3 期。
③ 赵延东、罗家德：《如何测量社会资本：一个经验研究综述》，《国外社会科学》2005 年第 2 期。
④ 胡荣、胡康：《城乡居民社会资本构成的差异》，《公安研究》2009 年第 4 期。
⑤ 边燕杰：《城市居民社会资本的来源及作用：网络观点与调查发现》，《中国社会科学》2004 年第 3 期。
⑥ 张文宏：《阶层地位对城市居民社会网络性质的影响》，《社会》2005 年第 4 期。

社会资本状况。①

对社会资本的微观/宏观层次的区分一定程度上推进了对中国社团组织的社会资本研究，例如李超玲、钟洪对非政府组织②，王妮丽对非营利部门③，以及苏媛媛对青年组织等社团组织的社会资本研究。④

具体说来，在对中国社会资本的研究中，学者们对微观层次和宏观层次的社会资本使用了不同的测量方法。在微观层次，主要使用了社会网络分析法。微观层次的社会资本的测量集中在两个方面：首先是对个人社会网络中可摄取的嵌入性资源的测量，即个人拥有的社会资本资源；其次是对个人行动中实际动员和使用的资源，即使用的社会资本资源。宏观层次的社会资本主要使用社会信任、社会参与、社会交往和规范等指标来测量⑤。

基于中国特定场景而进行的社会资本测量与研究，对国际学术界社会资本理论的发展做出了来自中国的独到贡献。在这些研究中最突出的是从社会信任和社会网络两个维度对共通性社会资本和特殊性社会资本两种社会资本形态的区分。

陈捷、卢春龙指出，共通性社会资本指包容性的社会信任与开放型的社会网络；而特殊性社会资本则是指局限性的人际信任和封闭型的社会网络。两者对中国城市中的基层社区治理呈现出不同的影响。⑥

胡荣进一步将社会信任区分为普遍信任、一般信任和特殊信任三类，同时指出中国城市居民的信任结构存在着一种"差序格局"。⑦ 对于社会网络，胡荣也进行了进一步区分。他认为社会网络存在着学缘社团、业缘社团、趣缘社团等多种形态，而这些不同形态的社会网络对个体所能够使用的社会资本会产生重要的影响。

---

① 朱旭峰：《中国政策精英群体的社会资本：基于结构主义视角的分析？》，《社会学研究》2006年第4期。
② 李超玲、钟洪：《非政府组织社会资本：概念、特征及其相关问题研究》，《江汉论坛》2007年第4期。
③ 王妮丽：《NPO与社会资本的构建》，《广西社会科学》2006年第12期。
④ 苏媛媛：《青年组织与社会资本》，《中国青年研究》2012年第12期。
⑤ 赵延东、罗家德：《如何测量社会资本：一个经验研究综述》，《国外社会科学》2005年第2期。
⑥ 陈捷、卢春龙：《共通性社会资本与特定性社会资本——社会资本与中国的城市基层治理》。
⑦ 胡荣：《社会资本与城市居民的政治参与》，《社会学研究》2008年第5期。

边燕杰、张磊则将中国社会资本的独特形态上升到中西文化差异的高度。他们认为，基于西方社会现实而产生的社会资本概念具有三大特征：弱联带性、功能单一性、偶发义务性；而基于中国社会现实产生的社会资本概念具有强联带性、功能复用性、频发义务性等三个特征，这是与西方社会的社会资本概念完全不同的。①

在政治学领域的研究中，社会资本的作用和影响主要体现在社会资本在微观层面上对个体政治行为（特别是民众的政治参与）的影响，以及在宏观层面上对特定政治制度（比如城市基层社区制度）的影响。

胡荣分别研究了社会资本对农村居民参与村级选举，以及对城市居民政治参与的影响。② 他的研究表明，社会资本的各因素对城市居民的政治参与起到了积极的作用。但是在村级选举中，农村居民的社会资本各因素中，只有社团因子和社区认同因子对村民的政治参与起着积极作用，而社会信任因子对村民的政治参与并无显著影响。

孟天广和马全军则考察了社会资本与公民参与意识的关系。他们的研究发现，参加志愿组织能够促进公民的政治参与和社区参与意识，而社会宽容和参加官办组织只能激发政治参与意识。不管是对公民的政治参与意识还是社区参与意识而言，信任都没有明显的促进作用，其中信任熟人反而不利于政治参与意识的形成。③

陈捷和卢春龙研究了社会资本与中国城市基层社区治理之间的关系。他们的研究结果表明，共通性社会资本对基层社区的民主治理产生了显著的积极影响，而特定性社会资本对基层社区的民主治理产生了明显的负面影响。④ 苗月霞和裴志军则就社会资本对中国农村基层民主制度的作用和影响进行了初步探讨和调查研究。⑤

此外，马得勇还分析了中国农村社会条件下社会资本对政治领域的影

---

① 边燕杰、张磊：《论关系文化与关系社会资本》，《人文杂志》2013年第1期。
② 胡荣：《社会资本与中国农村居民的地域性自主参与》，《社会学研究》2006年第2期；胡荣：《社会资本与城市居民的政治参与》，《社会学研究》2008年第5期。
③ 孟天广、马全军：《社会资本与公民参与意识的关系研究——基于全国代表性样本的实证分析》，《中国行政管理》2011年第3期。
④ 陈捷、卢春龙：《共通性社会资本与特定性社会资本——社会资本与中国的城市基层治理》，《社会学研究》2009年第6期。
⑤ 苗月霞：《社会资本视域中的中国农村村民自治运作绩效》，《河北学刊》2005年第3期；裴志军：《制度刚性下的村民自治参与：社会资本与政治效能感的作用》，《农业经济问题》2013年第5期。

响。他的分析结果显示，农村地区的社会资本对民众政治参与意识、政府治理水平、政治信任、现代民主价值观、官民关系等具有积极的影响，但是对公民社会、政治参与行为的影响并不显著。①

还有很多学者对社会资本作用和影响的研究涉及诸多其他领域，比如，社会资本与民主发展之间的关系②，社会资本与市民社会之间的关系③，社会资本与民族关系治理之间的关系④，社会资本与全球治理之间的关系等。⑤

尽管基于中国社会现实的社会资本研究产生了诸多丰硕的成果，但是这些成果在一些方面存在着局限性，对于我们理解社会资本与农村基层社会的发展帮助并不是很大。具体说来，在既有的研究中就如何理解社会资本与农村基层社会的发展存在着三个方面的空白。

第一，既有的研究缺少一个基于全国性的抽样调查样本的经验分析来告诉我们社会资本与农村基层社会的发展之间的关系。换言之，尽管一些研究文献讨论了社会资本与农村基层社会的发展问题，但是这些研究要么是纯粹的理论探讨，要么是基于少数个案的印象式描述，或者是基于一些地方性样本进行的实证研究。

第二，既有研究很少使用一个综合性的测量框架来对待社会资本这一概念。对社会资本的测量要么是侧重于社会资本的某一维度（比如信任或社会网络），要么是侧重于单一层次的研究（比如微观或宏观）。而本书的研究把社会资本看做一个综合性的概念，包括了不同的类型与不同的维度，同时把社会资本既看做个体层面的属性也看做村庄层面的集体属性。

第三，现有研究没有对社会资本与农村基层社会的发展之间的关系进行一个宏观/微观的二分，而是笼而统之地谈论社会资本对于农村社会的影响。这样他们的研究要么局限于在微观层面谈论社会资本对于农民个人的影响，要么局限于在宏观层面谈论社会资本对于村庄整体的影响。本书

---

① 马得勇：《乡村社会资本的政治效应：基于中国 20 个乡镇的比较研究》，《经济社会体制比较》2013 年第 6 期。
② 黄相怀：《社会资本与民主发展》，《科学社会主义》2006 年第 2 期。
③ 黎珍：《社会资本与市民社会》，《贵州社会科学》2008 年第 1 期。
④ 吕永红、刘闽：《基于社会资本框架下的民族关系治理新理念》，《内蒙古社会科学》2007 年第 1 期。
⑤ 朱全景：《社会资本与全球治理》，《中央社会主义学院学报》2011 年第 1 期。

的研究则是对社会资本与农村基层社会的发展之间的关系进行了两个层面的探讨，在宏观层面讨论社会资本对于村庄社会经济发展以及民主治理的影响，在微观层面讨论社会资本对于个人民主观念以及政治参与行为的影响。

第五节 研究方法与样本

本书使用的数据来自2013年7月至8月所进行的一项全国性的民意调查。问卷、样本以及实际调查程序都是由中国政法大学政治与公共管理学院设计的。抽样调查包括全国9个省与直辖市的45个县，在每个县调查8个村庄，每个村庄分别调查10位居民，共计调查360个村庄、3600位农村居民。课题组招募了来自抽样点所在县或地区的中国政法大学政治与公共管理学院的大学生，经过培训和考核，承担此次调查的资料搜集和入户访问工作。

本次调查，按照地区经济发展状况和地理位置的不同，以2011年国家统计局公布的农村居民消费水平作为参考，选定了湖南、河北、山西、甘肃、广东、浙江、北京、黑龙江和山东9个省与直辖市进行关于农村经济发展、民主治理和公共服务现状的调查。

参照选定的9个省与直辖市2011年的统计年鉴，以农村居民人均纯收入作为参考指标，按照从低到高对每个省与直辖市内的不同县进行排序，使用等间距抽样抽出8个县作为该省的调查对象。在每个被抽取的县级单位中，采用PPS抽样选取5个村庄，每个村庄访问10位村民。

具体的抽样过程如下：

步骤一：根据2011年全国统计年鉴中的各地区农村人均纯收入作为抽样资料，按照从高到低的顺序对全国31个省区市（不含港澳台）进行排序，使用随机数表从1到3中选取一个数作为起点，然后按照间隔为2依次选出9个；

步骤二：分别查找2011年各地统计年鉴，按照各县区的农民人均收入在每个省区市内对各个县级单位进行排序，分层抽取5个县作为调查的二级单位；

步骤三：在每一个被抽取的县里，使用按规模大小成比例的概率抽样（PPS抽样）的方式选取8个村庄进行调查；

步骤四：在选取的8个村庄中，由访问员随机发放10份农村居民问卷和一份村干部问卷。

调查从2013年7月开始，到2013年8月结束，课题组实际上调查了348个农村行政村，3698位农村居民，问卷实际回收率达到97%。其中，这3698个农村居民会被问及一系列问题，如信任、正式和非正式的社会交往、政治信任、民主价值、民主参与、对农村公共文化服务的评价等。村干部（村委会的主任或村党支部的书记）从348个村庄样本中挑出，他们会被问及这样一些问题，如村庄背景、经济发展、村庄预算、公共产品的供应，以及他们的自我评价。通过这两个步骤的采访，就产生了两个独立的数据库：一个建立在村民个人的反馈之上；另一个建立在村干部的反馈之上。

就像其他许多在中国所做的民意调查一样，这项调查产生了两种结果：描述性结果与相关性结果。这两种结果都将在本书中提及，它们能为中国农村社会资本的研究做出两个方面的重要贡献。首先，尽管该调查的描述性结果（如那些关于社会资本分布的结果）可能会随着时间而改变，可是从研究农村地区社会资本演变情况的角度来看，它们确实有助于为中国农村社会资本的后续研究建立一些必要的数据基准。从跟踪研究的视角，这些基准是格外有用且重要的，因为这一类具有代表性的样本调查极为少有。

其次，这项调查捕捉到了社会资本最基本的因果关系。在相关性结果中，绝大多数的关系在本质上是因果性的。因此，除了描述性的统计分析之外，本研究的重点是进行因果性的分析，也就是探究社会资本的存量会不会影响村庄的经济发展与治理效果。因果性的分析往往揭示的是社会现象之间的本质性联系，这种本质性的联系往往不会因为时间的变化而轻易发生变化。该调查的相关发现一方面涵盖了两种社会资本（跨越型社会资本与紧密型社会资本）的关系，另一方面也包括了中国农村的经济发展、政府治理和民主参与。因此，可以说，该调查中的数据有着广泛的意义，它有助于我们理解中国农村地区社会资本的水平及其重要性。

除了大规模的抽样数据之外，笔者还在8个精心选取的典型村庄（邢庄、凤山、集水、大旺、大溪、武阳、铁乡与燕西）进行了田野调查，作为辅助性的论证材料。为了尊重被调查对象的隐私以及出于事先与被调查对象达成的口头协议，此处笔者对8个村庄的名字进行了化名处理。

笔者采取了参与式观察、深度个人访谈和焦点团体访谈等方法来收集第一手的资料。通过这样一种弹性的研究程序，笔者获得了大量关于两种类型的社会资本的存量分布以及如何发挥效应的直观文字材料，从而有效弥补了大规模抽样调查所缺乏的鲜活故事。通过这些鲜活的故事，笔者强调了社会资本研究所具有的动态性、建构性和演进性，并力图避免西方社会资本理论家片面强调普遍性规律所带来的研究误差。

笔者相信，在我国农村从事社会资本的研究更重要的是理解和阐释农民们的行为，而不是仅仅对各种统计变量间的关系和规律给出一种简单的相关性描述。正因为这样，案例研究才显得尤为重要。对于这些典型案例的深度分析就是聆听农民们的言谈话语以获得对其世界观的洞察，审视其依照传统的方式认知世界的途径。

除了社会资本以外，笔者认为有三个一般特征对于农村的发展尤为重要：区域位置、与集镇的距离以及村庄规模。为此，笔者根据这三个特征选取了 8 个村庄进行典型案例分析，它们分别是邢庄、凤山、集水、大旺、大溪、武阳、铁乡与燕西。首先，区域位置就是村庄的地理位置。中国幅员辽阔，而且经济发展不平衡。南方地区以及东部沿海地区比中国其他地区都要发达。所以，不同的区域位置就可能对其政治经济发展产生重要的影响。邢庄、大溪位于东部地区；凤山、武阳位于西北地区；集水、铁乡位于南部地区；大旺与燕西则位于中部地区（见表 1-1）。

表 1-1　8 个典型村庄的背景情况

	区域位置	与集镇的距离	村庄规模
邢庄	东部地区	适中	超大
凤山	西北地区	相当远	小
集水	南部地区	相当近	大
大旺	中部地区	近	适中
大溪	东部地区	适中	超大
武阳	西北地区	相当远	小
铁乡	南部地区	相当近	大
燕西	中部地区	近	适中

其次，与集镇的距离就是指村庄与最近的集镇的距离。根据以往的研究，与集镇的距离可能对农村发展有着重要影响。村庄距集镇越近，它获得发展的机遇与资源就越多。集水、铁乡与其最近的集镇距离最近；大旺、燕西距其最近的集镇较近；邢庄、大溪与其最近的集镇距离适中；凤山、武阳距其最近的集镇最远。

最后，村庄规模是指案例中村庄的常住人口数量。大的村庄因其人口较多，也就容易从政府那里获得更多的资源与财政补贴。因而，村庄规模对村庄的政治经济发展也可能有着重要影响。邢庄、大溪常住人口数量较大；集水、铁乡的常住人口数量大；大旺、燕西常住人口数量适中；凤山、武阳的常住人口数量则较少。

第六节　本项研究的重要性

至少在三个方面，本书将会对社会资本的研究产生重要的影响，尤其是对像中国这样的发展中国家。

第一，本书将揭示两种形态的社会资本——跨越型社会资本与紧密型社会资本——在中国农村的分布，以及它们对农村地区的经济发展与民主治理所产生的影响。考虑到这类调查研究的代表性、稀缺性，这项研究得出的结论就尤为重要。因为它为中国农村地区社会资本的后续研究奠定了概念性与经验性的基准。

第二，从政策意义上说，本书的调查结果表明，我国农村的制度改革对两种形态的社会资本的存量分布可能有着不同的影响。本项研究会帮助我国民政部门的政策制定者们理解，为什么农村地区的制度改革并不必然在经济发展与民主治理等领域产生好的效果。该研究还会向政府提供有价值的政策建议，这些政策建议着眼于如何继续推进社会主义新农村建设。既然社会资本影响着公共政策在每个村庄的实施方式，那么，各级政府就应该设计出相关政策来培育那些对公共政策有积极影响的社会资本，以此深化社会主义新农村的建设。

第三，从理论意义上说，本书的研究结果会帮助学者们回答两个重要的理论问题：首先，在像中国这样的发展中国家，社会资本是如何测量的？本书的第二章就呈现了一个适合我国农村场景的社会资本测量框架。其次，在发展中国家，社会资本对经济发展与民主治理的影响同其在西方社会中的影响有什么不同？对这两个问题的回答，将有助于学者们以一种比较的视野来更好地理解社会资本理论。此外，这项研究也通过中国农村社会的经验事实提供了一种对社会资本理论的检验，这就为基于西方经验的社会资本理论概念向发展中国家的推广与应用奠定了一定的基础，为西方理论的本土化和地方化做出了一定的贡献。

第二章 我国农村地区社会资本的存量

本章的主要内容涵盖了三个方面的重要问题:(1)社会资本在我国社会经历了一个怎样的发展历程?(2)在我国农村地区特定的社会场景之下,社会资本应该如何进行测量?(3)在我国农村地区,社会资本的存量是一种什么样的状况?首先,笔者将回顾以往文献中社会资本在发展中国家尤其在中国的社会场景之下是如何被测量的。其次,笔者将探讨自1978年经济改革以来,我国社会资本的发展历程。再次,笔者将会探究我国农村地区的制度变迁,为我国农村地区社会资本的测量提供一个宏观的历史背景。最后,在此基础之上,笔者将对社会资本在我国农村地区的存量进行一个量化的描述。

第一节 发展中国家的社会资本

西方社会资本理论家所进行的众多实证研究,都倾向于把正式公民组织的会员资格作为社会资本的一个测量标准。这些研究发现,在一些社区里,如果参与各种正式公民组织的人数众多,那么这些社区通常会拥有更为丰富的社会资本。① 但是,如果我们依据这一测量标准就会发现,大多数发展中国家拥有的社会资本存量非常少,因为这些社会里存在的正式公民组织的数量是少之又少。②

通过分析密歇根大学英格尔哈特(Ronald Inglehart)教授主持的世界

---

① Putnam, *Bowling Alone: Collapse and Revival of American Community*; and idem, "Tuning In, Tuning Out: The Strange Disappearance of Social Capital in America," *PS: Political Science and Politics* 27, no. 4 (1995): 664–683; Robert Putnam, Robert Leonardi, and Raffaella Nanetti, *Making Democracy Work: Civic Traditions in Modern Italy*.

② Krishna, *Active Social Capital: Tracing the Roots of Development and Democracy*; Norman Uphoff, "Understanding Social Capital: Learning from the Analysis and Experience of Participation," in Partha Dasgupta and Ismail Serageldin, eds., *Social Capital: A Multifaceted Perspective* (Washington, DC: World Bank, 2000), pp. 215–249.

价值观调查（world values survey）数据库，笔者发现，在西方社会之中，很多公民都是正式公民组织的成员。例如，在美国，宗教/教会组织在公民中有着最高的参与度，大约有57%的公民都参加了宗教/教会组织。在美国，第二大正式公民组织则是文化组织，大约37%的公民参加了文化组织；第三大正式公民组织则是运动/娱乐组织，大约有36%的公民参加了运动/娱乐组织。此外，还有很多美国公民参加了专业协会与青少年组织，约有28%的公民加入了各种形式的专业协会，26%的公民加入了青少年组织。其他的正式公民组织也吸引了许多民众：有14%的民众加入了工会，13%的民众加入了当地社区组织，16%的民众参加了环境/生态保护组织，还有17%的民众加入了社会福利组织。

同样是基于世界价值观调查的数据库，笔者发现中国最大的正式公民组织是工会，但这也仅仅对7%的民众具有吸引力。此外，有4%的中国民众加入了宗教/教会组织。社会福利组织、文化组织、运动/娱乐组织各自拥有3%的民众参与率。只有2%的中国民众加入了当地社区组织，而环境/生态保护组织、专业协会以及青少年组织，各自拥有仅仅约1%的民众参与率。表2-1通过对比中美两国民众对正式公民组织的参与情况，揭示了在像中国这样的发展中国家，正式公民组织的参与率是非常低的。所以，如果学者们把正式公民组织中会员参与的总体状况作为社会资本的测量标准的话，那么在发展中国家，社会资本的存量显然是非常低的。

表2-1 美国与中国公众对正式公民组织的参与

单位:%

对正式公民组织的参与	美国	中国
社会福利组织	17	3
宗教/教会组织	57	4
文化组织	37	3
工会	14	7
当地社区组织	13	2
环境/生态保护组织	16	1
专业协会	28	1
青少年组织	26	1
运动/娱乐组织	36	3

但是，基于发展中国家的诸多实证研究显示，在发展中国家的普通公民之间存在着无数非正式的社会沟通渠道。而且，这些渠道与正式的公民组织一样可以增进互惠互利的规范与行动上的合作。[①] 例如，在中国与印度的农村地区，一个农民可能会绝对信任他的邻居。即便没有任何正式公民组织的帮助，他们可能也会因此参与集体行动来改善他们的农村社区。所以，尽管在西方社会里，正式的公民组织是测量社会资本的根据[②]，但是这样的测量标准仅仅说明了正式公民组织在一个社会里的密集程度，并不能够反映非正式社会网络在一个社会里的分布状况。因此，如果我们使用正式公民组织的参与状况来测量社会资本的话，这势必会严重低估发展中国家的社会资本存量状况。

而且，社会资本概念更为重要的内涵是，不同形式的主观规范与客观社会联系能够协调个人的利己行为，并达成服务社会公益的集体行动。[③] 那么，对于发展中国家的社会资本来说，正式公民组织的会员参与状况就不是一个精确的测量尺度，因为这一测量标准并没有捕捉到发展中国家形式多元化的社会联系。而这些社会联系同样能够起到抑制个人的机会主义行为的作用，并帮助达成服务社会公益的集体行动这一目标。在本书中，笔者对社会资本的测量将包含两种不同类型的社会资本——跨越型社会资本与紧密型社会资本，以及社会资本的两个不同维度——主观规范与客观社会联系。此外，由于发展中国家有特殊的历史文化背景，所以对中国农村地区社会资本的测量还需要适当加以调整以契合当地独特的社会场景。

第二节 中国的社会资本

自 1978 年改革开放以来，中国的经济社会状况发生了非常显著的变化。中国和世界的联系更加紧密，社会各阶层的流动性增强，新的资源分

[①] 参见 Chen and Lu, "Social Capital in Urban China: Attitudinal and Behavioral Effects on Grassroots Self-Government;" Krishna, *Active Social Capital: Tracing the Roots of Development and Democracy*。

[②] Putnam, *Bowling Alone: Collapse and Revival of American Community*.

[③] Michael Woolcock, "The Place of Social Capital in Understanding Social Capital and Economic Outcomes," *Isuma: Canadian Journal of Policy Research* 2, no. 1 (2001): 1 – 17; Alex Inkeles, "Measuring Social Capital and Its Consequences," *Policy Sciences* 33 (2000): 245 – 268.

配方式的出现等这些变化都在影响着中国社会资本的演变和发展。在这一部分，笔者将沿着社会资本的两个不同维度，即客观社会联系与主观规范，对改革开放以来中国社会资本的演化路径进行一个大致的描述。

就社会资本的第一个维度——客观社会联系而言，发轫于1978年的改革所带来的社会政治变化，已经为正式社会团体的出现营造了所需的环境。① 在1978年之前，一个无所不能的、全能型的政府渗入到个人生活的所有层面、所有领域。人们被分配到不同的工作单位，并依赖于单位体制而生存。② 改革开放以来，国家实施的各种政策都大大降低了单位体制对普通民众生活的影响。比如说，传统单位体制提供住房与医疗的社会福利这一制度目前已经基本消亡，目前的住房与医疗改革更多地走向了产权化与市场化。对单位体制依赖的减少必然会导致各种正式社会团体的涌现，因为人们发现过去在单位可以获得的资源现在必须要去社会上争取，而正式的社会团体可以帮助他们表达自己的诉求，维护自己的权利。因此改革开放以来，现代社会资本已经在中国社会中发展起来，并产生了黏合各种社会分歧的跨越型社会纽带。

与此同时，在经济高速发展的过程中，一些诸如环境污染一类的新的社会问题开始涌现。但是在这方面政府的体制改革和法规措施又相对滞后，这就造成了政府在面对这些新的社会问题时存在着所谓的"治理缺位"现象。于是一些志愿的、非正式的社会团体开始涌现出来自发解决这些新的社会问题，从而弥补了政府在社会转型过程之中的"治理缺位"。

另外，经济改革带来的市场化与城市化，也改变了我国民众的日常社会交往方式，人们开始日益重视契约与合同这样的正式法律关系，并运用契约与合同来规范自己与他人的社会交往。③ 一些实证研究表明，在上述两种力量的推动之下，现代化的跨越型社会资本在当代中国社会中已经开

---

① Gordon White, Jude Howell, and Shang Xiaoyuan, *In Search of Civil Society: Market Reform and Social Change in Contemporary China* (Oxford: Clarendon Press, 1996); Tony Saich, "Negotiating the State: The Development of Social Organizations in China," *China Quarterly* 161 (2000): 124 – 141.

② Wenfang Tang and William L. Parish, *Chinese Urban Life under Reform: The Changing Social Contract* (Cambridge: Cambridge University Press, 2000).

③ Chen and Lu, "Social Capital in Urban China: Attitudinal and Behavioral Effects on Grassroots Self-Government," *Social Science Quarterly* 88, no. 2 (2007): 422 – 442.

始稳步增长,并粗具形态。①

对于社会资本的第二个维度——主观规范,以往的诸多研究文献主要集中于讨论中国社会中社会信任的存量状况。这些研究文献在研究社会信任时主要运用了两种不同的研究方法:阐释学方法与实证主义方法。对于中国社会信任度的存量状况,运用这两种研究方法的学者分别给出了不同的答案。

根据阐释学方法,中国是一个家庭主义文化的、低信任度的社会,人们对亲属之外的社会成员的信任度相对较低。②该方法承认文化、历史与宗教因素在塑造社会信任上发挥着非常重要的作用,它强调社会信任是一个有着历史传统的概念,根植于一个社会长时期的历史积淀。③

正如马克斯·韦伯所言,中国儒家文化阻碍了社会普遍信任的形成。④儒家文化特点是家庭主义文化,家族关系优先于其他所有社会关系。⑤儒家文化有两个基本特征。首先,传统儒家文化是一种等级制文化,因而在传统中国,统治者往往拥有至高无上的权力、很少有对权力的有效约束。⑥在这样的社会里,家族就成为个人生存的重要基础,成为规避政治风险、提供社会保障的工具。在古代社会,家族成员依靠他们的家族来获得保护。所以,家族成员对于整个家族负有道德义务,而且,如果需要的话,

---

① 参见方竹兰《中国体制转轨过程中的社会资本积累》,《中国人民大学学报》2002 年第 5 期;Rongzhu Ke and Weiying Zhang, "Trust in China: A Cross-Regional Analysis," William Davidson Institution Working Paper No. 586 (William Davidson Institution, 2003);杨荣:《社会资本的缺失与重建——以中国城市社区发展为视角》,《山东科技大学学报》(社会科学版) 2004 年第 3 期;Yongming Zhou, "Social Capital and Power: Entrepreneurial Elite and the State in Contemporary China," *Policy Sciences* 33 (2000): 323 - 340; Chen and Lu, "Social Capital in Urban China: Attitudinal and Behavioral Effects on Grassroots Self-Government"。
② Francis Fukuyama, "Confucianism and Democracy," *Journal of Democracy* 6, no. 2 (1995): 20 - 33; and idem, *Trust: The Social Virtues and the Creation of Prosperity* (New York: The Free Press, 1995).
③ Ronald Dore, *Taking Japan Seriously: A Confucian Perspective on Leading Economic Issues* (Stanford: Stanford University Press, 1987).
④ Max Weber, *The Religion of China: Confucianism and Taoism* (Glencoe, Ⅲ.: The Free Press, 1951).
⑤ Fukuyama, "Confucianism and Democracy;" and idem, *Trust: The Social Virtues and the Creation of Prosperity*; Lucian W. Pye, *The Spirit of Chinese Politics* (Cambridge: Harvard University Press, 1992).
⑥ Lucian W. Pye, *The Mandarin and the Cadre: China's Political Cultures* (Ann Arbor: Center for Chinese Studies, the University of Michigan, 1988); and idem, *The Spirit of Chinese Politics*.

他们不惜牺牲自己的生命与利益来保全家族利益。① 其次，儒家文化是一种关系型文化。在儒家文化中，个人之间的关系远重于合法契约。如果你是"我们"中的一员，那么你的利益就会得到关照；但是，如果你不是"我们"中的一员，那么你就会受到歧视。在中国古代社会，除了家族，"关系"也是一项重要社会基石，它为个人生存提供支撑，甚至能使人们获得免于皇权高压统治的政治保护。中国人利用关系，旨在保障个人利益，所以他们只信任那些有关系往来的人。儒家文化的一个直接后果就是，中国人不愿意信任家族集团或关系之外的人。这样的社会行为模式导致了在中国社会中，普遍性社会信任的存量水平非常低。

然而，一些学者对于阐释学方法的结论持有不同看法，他们主要提出了两大挑战。首先，阐释学方法没有提供任何直接的、实证的依据来支撑他们的论点，即中国是一个低信任度的社会。② 其次，阐释学方法把社会信任视为源自中国传统文化的、不变的传统。因此，对于 1978 年经济改革以来中国社会信任水平的变化，阐释学研究方法的解释力显然是不够的。这种机械主义的静态解释模式无法解释为什么在改革开放之后，中国公众开始日益重视合同与契约的关系，开始超越家庭与朋友的圈子，与圈子外的陌生人进行交往，并建立起互惠互利的信任关系。

实证主义方法对于当代中国社会信任的发展则作出了不同描述。该方法主要依靠民意调查来发掘中国公众对社会一般成员的态度与倾向，其优势在于能够提供实证的、可量化的证据。③ 与阐释学方法不同，实证主义方法从对经验数据的搜集和整理出发，经过科学严密的分析和论证之后得出了这样的结论：中国社会有着较高水平的社会信任存量。举例来说，由密歇根大学英格尔哈特教授主持的世界价值观调查用以下这个经典的问题来衡量不同社会的社会信任程度。——"一般来讲，你认为大多数人是能被信任的吗？"他对各个社会中那些认同大多数人可以信任的人做了一个

---

① Fukuyama, "Confucianism and Democracy;" and idem, *Trust: The Social Virtues and the Creation of Prosperity*; Pye, *The Mandarin and the Cadre: China's Political Cultures*; and idem, *The Spirit of Chinese Politics*.

② 彭泗清：《信任的建立机制：关系运作与法制手段》，《社会学研究》1999 年第 2 期。

③ Andrew J. Nathan, "Is Chinese Culture Distinctive?" *The Journal of Asian Studies* 52, no. 4 (1993): 923 - 936; Shiping Hua, "Introduction: Some Paradigmatic Issues in the Study of Chinese Political Culture," in Shiping Hua, eds., *Chinese Political Culture, 1989 - 2000* (Armonk, M. E. Sharpe, 2001), pp. 3 - 17.

百分比统计，并把这个百分比视为一个国家社会信任度的指标。英格尔哈特教授发现，中国社会有着较高的社会信任度（见图2-1）。① 一半以上的中国调查对象认为，大多数人是可以信任的，而且这个百分比高于世界平均水平，甚至高于美国、日本，以及德国。基于这个调查结果，英格尔哈特教授认为，中国社会是一个有着高信任度的社会。

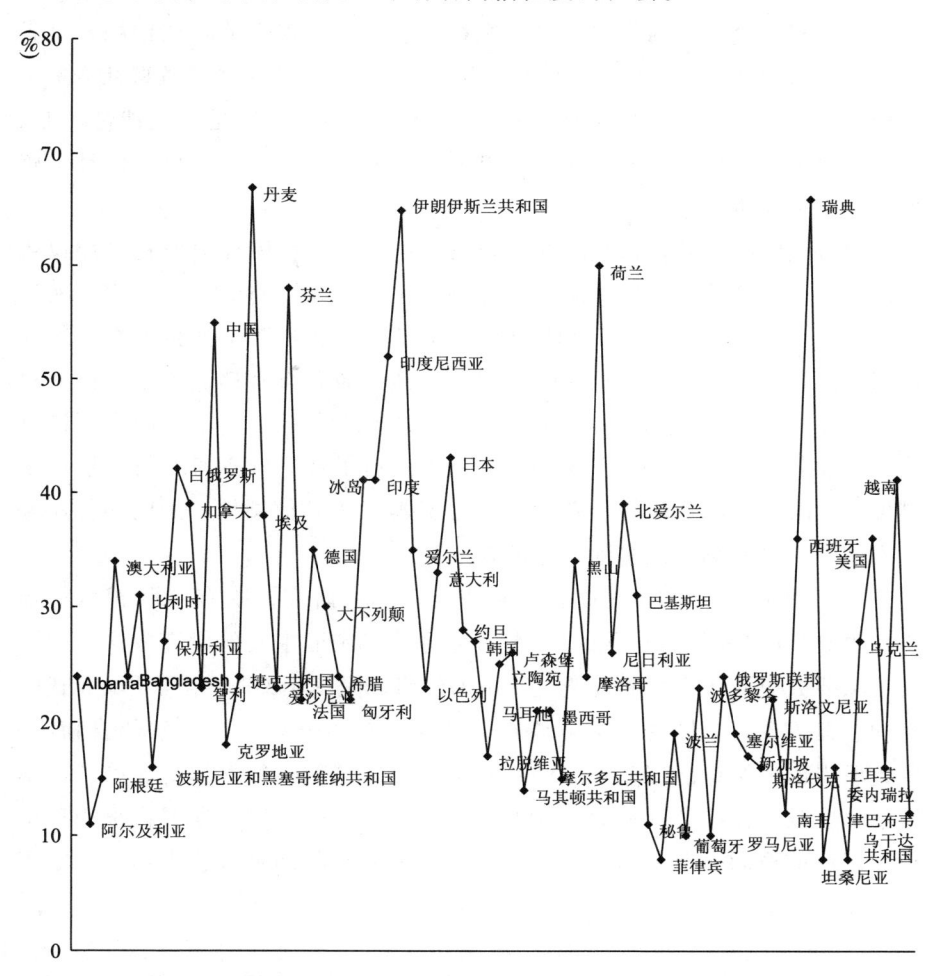

图2-1　第四次世界价值观调查（1999-2002年），世界范围内社会信任的存量分布

---

① Ronald Inglehart, *Modernization and Post-modernization: Cultural, Economic, and Political Change in 43 Societies* (Princeton: Princeton University Press, 1997); and idem, "Trust, Welling-Being and Democracy," in Mark Warren, eds., *Democracy and Trust* (Cambridge: Cambridge University Press, 1999), pp. 88–120.

除了英格尔哈特教授的调查结果之外，陈捷与卢春龙的一系列调查研究也有着类似的发现。① 那就是，随着改革开放的一步步展开，中国社会公众开始超越家庭与朋友的圈子，与圈子外的陌生人进行交往，并建立起互惠互利的信任关系。普遍性社会信任在中国社会的存量日益增加。

通过对社会资本两个维度（客观社会联系与主观规范）的回顾，笔者认为，随着1978年开始的经济改革进一步深化，现代化的跨越型社会资本在中国社会的存量呈上升趋势，而且已经粗具规模。但是令人遗憾的是，既往的研究往往集中于城市地区，很少有研究能够对中国农村地区社会资本的存量分布进行系统研究。

蔡晓莉教授的著作探究了在中国农村地区连带性团体对农村基层民主制度以及公共产品供应的影响。她的研究主要建立在对316个村庄的实证调查之上。② 但是，蔡晓莉教授的研究仅仅关注了紧密型社会资本的客观网络维度，即像宗族组织这样的连带性团体，而并没有提供关于中国农村地区社会资本存量（两种不同类型的社会资本以及社会资本的两个不同维度）的整体状况。此外，蔡晓莉教授仅仅探讨了社会资本对农村基层民主制度以及公共产品供应的影响，而社会资本对于其他领域——比如村庄经济发展——的影响，她实际上并没有涉及。

本书的研究相比以往关于中国社会资本的研究，既有一脉相承的地方，也有它的独到之处。第一，本书也将采用实证主义的研究方法，力图使这项研究更有代表性和普遍性。本书的研究是基于2013年一项具有代表性的、覆盖348个村落的实证调查，且这些村落分布在9个省与直辖市，因此所得出的结论能够较好地反映我国农村地区的一般性情况。第二，不同于那些只关注社会资本的一种类型或一个维度的研究，本书将采用一个更加广泛的概念框架来测量社会资本，其中包含了两种社会资本——紧密

---

① 卢春龙：《社会信任与我国城市社区治理》，《华中师范大学学报》（人文社会科学版）2009年第3期；陈捷、卢春龙：《共通性社会资本与特定性社会资本——社会资本与中国的城市基层治理》，《社会学研究》2009年第6期；陈捷、呼和·那日松、卢春龙：《社会信任与基层社区治理效应的因果机制》，《社会》2011年第6期。

② Lily Lee Tsai, "Solidary Groups, Informal Accountability, and Local Public Goods Provision in Rural China," *American Political Science Review* 101, no. 2 (2007): 355 – 372. and idem, "Cadres, Temple and Lineage Institutions, and Governance in Rural China," *The China Journal* 48 (2002): 1 – 27.

型社会资本与跨越型社会资本，以及社会资本的两个维度：主观规范与客观社会联系。第三，本书的研究从不同层次和方面探究了社会资本是怎样在社会的政治经济发展中发挥作用的。在宏观层面，笔者主要关注社会资本是否以及如何促进了我国农村地区的经济发展与民主治理。在微观层面，笔者的研究重点则包括社会资本是否以及如何影响了我国农民个体的民主观念以及政治参与行为。

第三节　我国农村的制度变迁

中国是一个农业大国，农民人数占总人口的70%以上。从1958年建立到1983年取消，人民公社制度一直是我国农村的基本治理形式。人民公社是一种将政治与经济合二为一的组织，它是基于乡这一层级的集体经济组织，同时又与最低层级的乡级国家权力相结合。自1978年开始经济改革以来，人民公社这一独特的政经合一的组织逐渐开始消亡，与此同时，一个崭新的村民委员会基层民主政治制度逐渐在中国农村建立起来。我国1982年宪法规定了村民委员会的性质、任务及其作用。1987年11月，全国人大常委会通过了《中华人民共和国村民委员会组织法》，该法案后来经过修正并最终于1998年11月正式定稿。根据这一法律，村委会基于村民居住状况、人口多少而设定，并且通常建立在有着适度规模与人口的自然村之上。此外，村委会作为基层村民自我管理的群众团体，应该由村民民主选举产生，并经常召开村民大会来向村民解释有关村庄事务的重大决定。村委会还要对村庄的社会经济事务、政治事务的日常管理负责。

我国政府把村委会民主制度看做解决农村地区自改革开放以来面临的社会经济问题的有利途径。政府希望在这项民主制度之下，村委会能够有效地维持村庄秩序、贯彻中央政府的决策以及协调农业生产与其他基层经济活动。① 另外，村委会作为"自我管理的群众团体"，由村民民主选举产生。这就为普通村民提供了大量的机会来参与协调村庄事务，实现自我管理。

---

① Jie Chen, "Popular Support for Village Self-Government in China: Intensity and Source," *Asian Survey* 45, no. 6 (2005): 865-885.

在20世纪90年代早期，为了解决农民负担过重的问题，农业部提出了在农村地区实行单一税制。该提议得到了广大农民的大力支持。经过一系列地方试验，中国政府于2000年选择安徽省农村地区来进行费改税改革。2001年，江苏与浙江也加入到改革行列；至2002年，费改税改革已经进一步扩展至其他20个省份。2003年，中央政府决定在全国范围内推行费改税改革。在这项新制度下，地方政府只准许向农民征收一项农业税，除此以外，不允许再收取其他任何费用。2004年初，温家宝在全国人大会议上宣布，国家计划在未来3年内逐步取消农业税。截至2005年2月，已经有26个省份取消了农业税；到2006年，这个税目最终在中国农村地区消失了。①

这些改革的一个直接后果就是，村干部现在很难筹集到足够的资金来建设农村公共事业，因为过去的资金很大一部分就来自于向农民摊派的各种费用。根据中央政府的新规定，如果要向村民征收额外的资金来供给公共产品，如道路、灌溉设备与基础设施等，村干部应获得村民大会或者村民代表大会的批准，而且这些批准大多呈现为"一事一议"的形式。②

2006年，中央政府发布了《关于推进社会主义新农村建设的若干意见》，宣布全面推进"社会主义新农村建设"的计划。根据这项新的计划，村委会民主政治制度被视为建设社会主义新农村的基石。③ 具体说来，村委会有职责向本村村民提供下列公共产品：

1. 建设必要的基础设施如道路和灌溉设施；
2. 处理村庄公共事务，帮助推进农民社会保障体系的建设；
3. 保卫村庄安全；
4. 促进文化进步与道德进步；
5. 为村民营造适于居住的环境；

同时，鉴于半数以上的村委会都未能通过"一事一议"的制度成功自我筹集资金，中央政府承诺通过财政转移支付为村委会提供必要的资金支持。

---

① 韩俊等：《破解三农难题——30年农村改革与发展》，中国发展出版社，2008。
② Fubing Su and Dali Yang, "Elections, Governance, and Accountability in Rural China," *Asian Perspective* 29, no. 4 (2005): 125 – 157.
③ 瞿振元、李小云、王秀清主编《中国社会主义新农村建设研究》，社会科学文献出版社，2006。

此外，村委会民主政治制度还要求村委会在处理村庄事务时要进一步深化民主管理，尤其要保障村委会民主选举的质量。所有村委会成员必须由村民民主选举产生，也就是通过无记名投票，候选人差额选举产生。而且，所有牵涉村民利益的重要事务都必须交由村民大会或村民代表大会商议，且根据大会多数意见进行决策。

总之，为应对农村地区的社会经济变革与政治变迁，中央政府在过去三十年里一直坚持推进制度改革，以使村委会民主制度能更加有效地管理村庄事务，更加积极地响应村民们的日常需求。这项新的村委会民主制度已经构成了一个宏观的制度背景，而本书研究的两个关键性变量——跨越型社会资本与紧密型社会资本——在每个村庄里的测量是与这一宏观背景息息相关的。

第四节　社会资本的测量

尽管社会资本日益被学者们视为一个重要的社会因素，能促进一个社会的经济发展与民主治理，但要对其进行测量却不是一件容易的事。在这一部分，笔者会就不同学科对社会资本的测量方法进行回顾与比较，然后，再提出一个立足我国农村场景的、多维度的、综合性的社会资本测量方法。

社会资本的分布状况在不同的学科如社会学、经济学与政治学里有各种不同的、创造性的测量方法。正如笔者在介绍社会资本概念的时候提到的，社会资本有时被认为是社会个人的属性，而在有的场景下又被视为社会集体的属性。在对社会资本的测量进行回顾的时候，笔者将分别从个人属性和集体属性两个方面来介绍既往研究是怎样测量社会资本的。但是这一回顾主要还是集中在那些把社会资本视为社会集体属性的著作上，因为经济学与政治学领域中的大多数研究都把社会资本视为一个社会的集体属性。

社会学领域的著名学者（比如布迪厄与科尔曼）往往把社会资本看做社会个体的属性，所以他们对社会资本的测量集中于个体拥有的社会网络。该测量通常体现为两种方法，一是定名法，二是定位法。

采用"定名法"会产生一份联系人或关系网的名单，这份名单是通过提出一个或多个问题来得出，而这些问题是关于在特定社会场合中被访问者提供的联系方式。这样研究人员就能够在所收集的数据基础之上，研究被访问者以自我为中心的网络结构与内容。①

"定位法"是一个特殊的评估工具，它旨在测量根植于人际网络中的社会资本。它的基本假设是，社会中特定的结构位置代表着相应的社会资源。所以，通过统计人际网络中的结构位置，研究者能够测量根植于该网络的社会资本。②

经济学与政治学领域中的大多数研究者将社会资本视为社会的集体属性，因此他们的测量方法与将社会资本视为个人属性的社会学学者截然不同。

首先，关于社会资本最普遍的测量方法就是考察社会成员对公民团体的参与，尤其是那些正式的公民团体。③ 例如，普特南就根据公民团体的参与度来考察社会资本，这种参与度主要体现在选举时的投票人数、报纸的读者群以及合唱队与足球俱乐部的成员数。在意大利北部，所有这些指标都要高于意大利南部，所以普特南得出结论认为，意大利北部的社会资本更加丰富。但是在他的研究中，主观规范并未单独被认为是测量社会资本的有效方法，因为普特南认为"一般性的、互惠互利的道德规范有可能与社会交往的密集网络有关"。④ 虽然主观规范是社会资本定义的一部分，但是它并不包含在普特南对社会资本测量的指标中。他近期关于美国社会资本的研究文献使用了类似的方法，也即结合学术上与商业资源上的数据来说明，美国社会资本的存量长期以来处于下降趋势，因为美国公众参与公民团体的数量与密集度一直在下降。⑤

毫无疑问，普特南强调了正式社会组织中公民团体的重要性。此外，他还认为，存在着纵向构建或等级结构的社会团体关系抑制了意大利社会中社会资本的形成，只有在横向构建的公民团体之中才能够生成跨越型的社会资本。但是，普特南关于横向构建的公民团体的测量已经遭到了后来

---

① Nan Lin, *Social Capital: A Theory of Social Structure and Action* (Cambridge: Cambridge University Press, 2001); and idem, "Building a Network Theory of Social Capital," *Connections* 22, no. 1 (1999): 28–51; John Scott, *Social Network Analysis: A Handbook* (London: Sage, 1991).

② Nan Lin and Mary Dumin, "Access to Occupations through Social Ties," *Social Networks* 8 (1986): 365–385.

③ Robert Putnam, Robert Leonardi, and Raffaella Nanetti, *Making Democracy Work: Civic Traditions in Modern Italy*.

④ Ibid., 172.

⑤ Putnam, *Bowling Alone: Collapse and Revival of American Community*.

的研究者的挑战与修正。① 而且正如笔者前面所提出的,由于发展中国家的特殊国情,不管我们是使用横向构建还是纵向构建的公民团体来测量发展中国家的社会资本,都无法准确地衡量这些国家社会资本的真实存量。

其次,社会信任作为社会资本的主观规范之一,已经被许多学者作为一种直接测量社会资本存量水平的指标而运用于他们的实证研究中。大卫·哈尔珀(David Halpern)就认为,我们需要一种简单的、"迅速且随性的"测量方法来测量社会资本,而这一点可以通过对社会信任的系统测量得以实现。他认为,测量社会信任比传统测量志愿活动与社会团体成员数量更为简单、更有意义。② 世界价值观调查分别在 1981 年、1991 年、1996 年、2001 年、2007 年、2012 年的六次调查中涉及社会信任问题,并对不同国家统计出来的社会信任强度进行了比较。例如,在 1995 年到 1996 年进行的那一次世界价值观调查中,经济合作与发展组织的成员里,调查对象中认为"大多数人可以信任"的比例最高的国家是挪威(65.3%),比例最低的国家是土耳其(6.5%)。可是,这类研究存在的问题是,在不同的国家,被调查者对于信任的不同理解可能会影响到他们对这一问题的回答。事实上,由于不存在关于信任的普遍性理解,这就对社会信任的跨文化/跨国度测量构成了巨大的挑战。斯蒂芬·巴伦(Stephen Baron)等学者认为,利用一个单一的、关于信任的问题,进而把它与一国的经济发展相联系,这是一个蹩脚的关于社会资本测量方法的例子。③

对于社会资本来说,最全面的测量方法应该是涵盖了社会资本的不同维度与类型,并且要综合运用定性研究、比较研究和定量研究等方法。④ 一般来说,信任、公民参与和社区参与被视为测量社会资本的有效指标。彼得·霍尔(Peter Hall)集中研究了正式社会交往与非正式社会交往的网

---

① Dietlind Stolle and Thomas Rochon, "Are All Associations Alike? Member Diversity, Associational Type and the Creation of Social Capital," *American Behavioral Scientists* 42, no. 1 (1998): 47–65.
② Halpern, *Social Capital*.
③ Stephen Baron, John Field, and Tom Schuller, *Social Capital: Critical Perspectives* (Oxford: Oxford University Press, 2000).
④ Michael Woolcock and Deepa Narayan, "Social Capital: Implications for Development Theory, Research, and Policy," *The World Bank Observer* 15, no. 2 (2000): 225–249; Michael Woolcock, "Microenterprise and Social Capital: A Framework for Theory, Research, and Policy," *The Journal of Socio-Economics* 30, no. 2 (2001): 193–198; Tom Schuller, "The Complementary Roles of Human and Social Capital," *Isuma: Canadian Journal of Policy Research* 2, no. 1 (2001): 18–24.

络,以及与这些网络密切相关的社会信任规范。他把志愿者协会、参与慈善事业以及与邻居和朋友的非正式关系囊括到对社会资本的测量指标中。此外,他还把社会信任定义为"个人信任其同胞的普遍意愿"。①

在测量美国的社会资本时,帕克斯顿也采用了一种综合性的测量框架。他指出,社会资本至少包括两个不同的维度:"第一,个人之间的客观联系。肯定存在一种客观的网络结构把单个个体联系起来,这一事实揭示了个人在社会空间里是相互联系的。第二,主观纽带。这些个人之间的主观纽带是一种特殊的纽带,它们是互惠互利的、彼此信任的且含有积极情感。"② 此外,正如肯尼斯·纽顿(Kenneth Newton)所说,社会资本的这两个不同的维度是密切相关的。然而,在测量社会资本时,这两个不同的维度应该分开考量,因为"规范和价值观是主观的且不可触摸的,而社会网络与组织却是客观且可观察的"。③

基于以上论述,笔者在本书中对社会资本的测量将包括两个不同的维度——"公民参与的客观网络"与"普遍互惠/信任的准则"。相应地,笔者还将区分两种类型的社会资本:跨越型社会资本与紧密型社会资本。如表 2-2 所示,跨越型社会资本涵盖一套包容性的社会网络,而该网络倾向于把处于不同的社会经济地位、职业甚至政治背景的人联系起来。④ 此外,跨越型社会资本也包括主观规范,比如不管他们是否认识彼此,以及是否拥有共同利益或背景,人们之间享有的这种无差别(或者普遍)的信任以及他们之间存在的互惠互利感。⑤ 而紧密型社会资本则由排外性的社会网络组成,该网络通过共同的经济、政治或者人口属性——比如阶级、职业、种族、血统或者宗教——而把人们联系起来。所以,这样的网络倾向于把社会特性相异的人排除在外。⑥ 紧密型社会资本也包括一些规范,诸

---

① Peter Hall, "Social Capital in Britain," *British Journal of Political Science* 29 (1999): 420.
② Pamela Paxton, "Is Social Capital Declining in the United States? A Multiple Indicator Assessment," *American Journal of Sociology* 105, no. 1 (1999): 93.
③ Kenneth Newton, "Social and Political Trust in Established Democracies," in Pippa Norris, eds., *Critical Citizens: Global Support for Democratic Governance* (New York: Oxford University Press, 1999), p. 177.
④ Stephen Knack, "Social Capital and the Quality of Government: Evidence from the States," *American Journal of Political Science* 46, no. 4 (2002): 772 – 785.
⑤ Eric Uslaner, *The Moral Foundations of Trust* (New York: Cambridge University Press, 2002).
⑥ Francis Fukuyama, "Social Capital, Civil Society and Development," *Third World Quarterly* 22, no. 1 (2001): 7 – 20; and idem, *Trust: The Social Virtues and the Creation of Prosperity*.

如有区别的（特殊）信任以及有着相似社会背景的个人之间的互惠互利感，尤其是那些彼此熟悉的家人与朋友之间。

表2-2 社会资本的测量

	客观网络	主观规范
跨越型社会资本	包容性的社会网络	无差别（普遍）的信任
紧密型社会资本	排外性的社会网络	有差别（特殊）的信任

第五节 建构一个立足我国农村场景的测量框架

在本书的研究中，笔者更多时候是将社会资本看做社区的一种集体属性，并且把村庄作为一个基本分析单位，进而考察中国农村所拥有的社会资本存量。下文将解释为什么正式社会团体的参与度不能用来测量中国农村的社会资本。相反，对于社会资本的测量来说，在我国农村地区对非正式社会团体或网络的参与是一个更加中肯的指标。然后，笔者将讨论我国目前农村生活的特征，这些特征会促使农村村民为村落的公共利益而相互合作，进而培育起现代化的跨越型社会资本。总而言之，在这一部分，笔者将建构一个立足我国农村场景的、适合我国国情的指标体系来测量两种类型的社会资本存量状况。

一 正式组织

如前所述，正式组织的密集度对于测量中国农村的社会资本来说，并不是一个适当的指标。克里希奈曾经指出，在绝大多数发展中国家，正式公民组织几乎都由国家控制，而且也是为了实现国家和政权的目标。[1] 在我国农村建立的全部正式组织几乎都与国家机构相联系，并协助执行其政策。根据布鲁斯·迪克森（Bruce Dickson）的观点，这些公民组织有着双重功能：它们一方面为国家提供便利来控制其组织的利益表达；同时另一

---

[1] Krishna, *Active Social Capital*: *Tracing the Roots of Development and Democracy*.

方面它们也代表着其成员的利益。①

在 1989 年，国务院颁布了《社会团体登记管理条例》。这项管理条例规定，所有新的社会团体在民政部注册之前，必须得到政府业务主管部门的批准，而这些业务主管部门在申请者申请的活动领域对其具有业务管辖权。该条例第 16 条禁止"相同"或"类似"的社会团体的建立，这实际上变相允许了既有社会团体对特定领域利益代表的垄断，这对于建立国家社团主义结构（state corporatist structure）来说是一个必要条件。②

在这样的宏观政治背景之下，村民们自发建立任何正式民众团体都是非常困难的。笔者的实地考察显示，在许多村庄里，只有一个正式组织，或者根本没有任何正式组织在运转。2013 年在 348 个农村的调查数据也显示，在中国农村地区，参与正式组织的农民也很少。

笔者使用了下列五个问题来测量中国农民对正式社会团体的参与度：

1. 当你有闲暇时间时，你是否加入了健身/运动型民众团体？
2. 当你有闲暇时间时，你是否加入了娱乐/文化型民众团体？
3. 当你有闲暇时间时，你是否加入了宗教组织？
4. 当你有闲暇时间时，你是否加入了专业技能培训组织？
5. 当你有闲暇时间时，你是否加入了公益组织？

虽然这些问题并未涵盖中国农村地区的所有民众团体，但是笔者的实地考察显示，这些民众团体在中国农村地区是最受欢迎的。受调查者在五分制的基础上被要求对这些问题进行打分，1 分代表"从来没有"，2 分代表"一年几次"，3 分代表"一个月几次"，4 分代表"一周一次"，5 分代表"一周几次"。这五个问题的调查结果列于表 2-3 之中，该表显示，中国农民对正式社会团体的参与度很低。其中村民对公益组织的参与度最高，但也仅有 8.5% 的调查对象表明他们参加了公益组织。村民对健身/运动民众

---

① Bruce Dickson, *Red Capitalists in China*: *The Party, Private Entrepreneurs, and Prospects for Political Change* (New York: Cambridge University Press, 2003).
② Margaret M. Pearson, "The Janus Face of Business Associations in China: Socialist Corporatism in Foreign Enterprises," *The Australian Journal of Chinese Affairs* 31 (1994): 25 – 46; Jonathan Unger and Anita Chan, "China, Corporatism, and the East Asian Model," *The Australian Journal of Chinese Affairs* 33 (1995): 29 – 53; and idem, "Corporatism in China: A Developmental State in an East Asian Context," in Barrett L. McCormick and Jonathan Unger, eds., *China after Socialism: In the Footsteps of Eastern Europe or East Asia?* (Armonk: M. E. Sharpe, 1996), pp. 95 – 129.

型团体的参与度最低，仅有4.4%的调查对象参加了这一类型的组织。

尽管调查结果显示正式公民组织在中国农村几乎不存在，但是非正式组织或社会网络在农村地区却广泛存在。它们在村民之间培育了彼此信任与互惠互利的道德规范，进而在这些村庄中推动了促进公共福利的集体行动。

表2-3 正式社会团体的参与度

	参与（%）	从未参与（%）	人数（人）
健身/运动民众型团体	4.4	95.6	3670
娱乐/文化民众型团体	6.2	93.8	3665
宗教组织	4.9	95.1	3589
专业技能培训组织	7.4	92.6	3680
公益组织	8.5	91.5	3603

二 非正式社会网络

在发展中国家进行的一些实证研究显示，发展中国家的非正式社会网络扮演着和西方社会的正式公民组织一样的角色。它们也能培育社会成员之间的信任与互惠互利感，带来社会成员之间的协作行为。[①] 所以，要测量中国农村地区社会资本的客观网络，我们就需要研究这些大量存在于农村地区的非正式网络。

在这个部分，笔者将通过区分两类社会资本——跨越型社会资本与紧密型社会资本——来测量非正式网络。在1978年经济改革之前，农民因户籍制度而束缚在他们的村庄里，而且绝大多数都很贫穷。随着改革政策的实施，社会流动性逐渐加强，越来越多的农民享受到从一个地区迁移到另一地区的自由，而农民的收入差距也逐渐拉大。农民们现在所面对的邻居和朋友可能拥有着不同的社会经济背景。

跨越型社会资本包括一套包容性的社会网络，它能把不同背景的人们联系起来。既然跨越型社会资本的客观网络能够把来自不同社会、经济甚至政治背景的人们联系起来，那么，在村子里，农民与其他村民的关系就

---

① Krishna, *Active Social Capital: Tracing the Roots of Development and Democracy*; Chen and Lu, "Social Capital in Urban China: Attitudinal and Behavioral Effects on Grassroots Self-Government."

成为测量这种包容性网络的重要指标。笔者使用了以下两个问题来测量村庄里的包容性社会网络：

1. 你与村里其他农民的关系有多亲密？
2. 你在应对日常需求时，会与其他村民进行合作吗？

对于第一个问题，受调查者被要求在五分制的基础上回答这一问题：1分代表"根本不紧密"，2分代表"不是很紧密"，3分代表"一般"，4分代表"紧密"，5分代表"十分紧密"。对于第二个问题，五个选项是这样设置的："根本不"得1分，"很少"得2分，"偶尔"得3分，"经常"得4分，"很经常"得5分。笔者把在这两个问题上的得分简单相加，并形成一个综合指数，用以显示调查对象对包容性社会网络的参与程度。

这两项调查的结果显示在表2-4之中。这一结果表明了中国农村地区的包容性社会网络是相当广泛的。对于第一个问题，多数调查对象（84%）认为他们与其他村民的关系是"紧密"或"十分紧密"。只有4.7%的调查对象认为他们与其他村民的关系"不是很紧密"或"根本不紧密"。

对于第二个问题，81.1%的调查对象认为，他们在处理日常需求时会与其他村民进行合作。只有18.9%的调查对象认为，他们在处理日常需求时"很少"或不与其他村民进行合作。

表2-4 包容性的社会网络的参与度

	你与村里其他农民的关系有多亲密？（%）
根本不紧密	1.2
不是很紧密	3.5
一般	11.3
紧密	41.2
十分紧密	42.8
	你在应对日常需求时，会与其他村民进行合作吗？（%）
根本不	5.1
很少	13.8
偶尔	30.5
经常	35.9
很经常	14.7

紧密型社会资本包括一套排外性的社会网络。排外性的社会网络通过共有的经济、政治或者人口属性——比如，阶级、职业、种族、血统或者宗教，把人们联系起来。因而，这样的网络会把没有共性的人排除在外。

在儒家文化里，姓氏对于个人来说是一个十分重要的标志。特别是在农村地区，人们根据姓氏而编入宗族组织，并以此应对他们的日常需求，这一点对于农民个人的生存而言是十分重要的。[①] 陌生人被排除在这样的家族网络之外，并被认为是不可以信任的。这样的家族网络组织有序，而且很多地方的村庄都建立了他们自己的祠堂，他们在那里一起供奉祖先并对家族事务作出重大决定。所以，宗族组织在农村是一个十分重要的紧密型社会资本，可以用来组织农民进行集体行动，比如建设灌溉工程或收割庄稼。

为了测量农村地区的排外性网络，笔者使用了下面这个问题："你的村里有没有宗族组织？"调查对象会基于3分制来回答这个问题，1分表示"没有"，2分表示"有，我们有同一姓氏的家族网络，但是没有组织"，3分表示"有，我们有宗族组织，且建立了宗族祠堂"。如表2-5所示，只有2.3%的调查对象表示，在他们的村里有宗族组织。这样的调查结果显示，自中华人民共和国成立以来，农村地区排外性的宗族网络已经大为减少，乡村的组织生态已经有了很大的改变。其中最大的改变就是新中国成立以后出现的人民公社制度。这一制度彻底改变了中国农村根据宗族网络来协商集体事务、组织集体行动的传统。人民公社代替宗族组织而成为农村地区的基层组织，农村集体事务开始更多地依赖人民公社来协调和处理。

表2-5 排外性的社会网络的参与度

	你的村子里有没有宗族组织？	
	频率	百分比（%）
没有	3395	91.8
有，我们有同一姓氏的家族网络，但是没有组织	218	5.9
有，我们有宗族组织，且建立了宗族祠堂	85	2.3
合计	3698	100.0

[①] Fukuyama, "Social Capital, Civil Society and Development;" and idem, Trust: The Social Virtues and the Creation of Prosperity.

三 主观规范

社会信任是社会资本主观规范的重要组成部分。如前所述,在特殊(有区别的)信任与普遍(无差别的)信任之间有着根本的差异。特殊信任是指信任与你有着相同背景的人,比如你的家人、朋友以及你的社交圈子,换而言之,也就是你熟悉的人们。普遍信任是指信任与你有着不同背景的人们,这种信任建立在一种信念之上:尽管人们与你有所不同,但是他们可以成为你的道德共同体中的一员。

笔者使用了下面的问题来测量两种类型的信任。"一般来说,如果没有直接的利益关系,你能告诉我你对身边的人有多少信任? a. 同一村落里同一姓氏的村民;b. 同一村落里不同姓氏的村民;c. 亲戚;d. 你不认识的外人。"

表2-6显示,中国农民社会信任的结构是相当有层次的。"信任半径"首先抵达他们的亲戚;然后抵达同一村落同一姓氏的村民;第三才抵达同一村落不同姓氏的村民;最后是不认识的外人。第一,对于亲戚的信任问题,91.6%的被采访的农民表示,"一半以上"或"多数"都能够信任。第二,对于同一村落同一姓氏村民的信任问题,77.6%的采访对象选择,"一半以上"或"多数"可以信任。第三,对于同一村落不同姓氏的村民的信任问题,63%的采访对象表示,"一半以上"或"多数"可以信任。最后,对于不认识的外人的信任问题,只有8.4%的采访对象认为,"一半以上"或"多数"可以信任。与此同时,大约有47.1%的被采访的村民表示,多数不认识的外人都不可以信任。

表2-6 两种类型信任的分布

	一般来说,如果没有直接的利益关系,你能告诉我你对身边的人有多少信任?			
	a. 同一村落里同一姓氏的村民	b. 同一村落里不同姓氏的村民	c. 亲戚	d. 你不认识的外人
多数不可以信任	0.4	1.8	0.3	47.1
一半以上不能信任	4.3	7.4	1.4	25.6
一半可以信任,一半不可以信任	17.7	27.8	6.7	18.9
一半以上可以信任	46.2	39.6	37.2	6.0
多数可以信任	31.4	23.4	54.4	2.4

显然，对于亲戚的信任以及对同一村落同一姓氏村民的信任都可以被认为是家族信任。中国农村地区的家族信任发端于儒家文化。在儒家文化里，家族是个人生存以及躲避政治风险的基本单元。家族成员对整个家族负有道德义务，相应地，家族也会保护家族成员的利益。这样一种家族文化孕育了家族成员之间的特殊信任。通过对上述调查结果进行分析，我们可以得出这样一个结论，即特殊（有区别的）信任在中国农村地区依然很牢固。

而对于不认识的外人的信任并非基于家族纽带或者其他紧密型的纽带，所以它是一种典型的普遍（无差别的）信任。然而，在中国农村地区，这种对于不认识的外人的信任是十分薄弱的。这一发现不同于英格尔哈特教授主持的世界价值观调查以及陈捷与卢春龙的调查，他们的调查显示普遍信任在中国社会中大量存在。一个可行的解释是，陈捷与卢春龙的调查主要集中于城市地区，而城市地区的居民可能比乡村地区的农民有着更高的普遍信任。另外，英格尔哈特教授主持的世界价值观调查没有区分不同类型的信任，所以他的调查结果并不能反映中国社会普遍信任的真实水平。总而言之，特殊信任在农村村民中大量存在，但是，普遍信任在农村地区依然稀少。

上述调查结果有一个值得关注的发现，那就是对于同一村落中不同姓氏村民的信任是较为强烈的。尽管这类社会信任并未延伸至村落外的一般公众，但是这种社会信任已超出家族纽带，并延伸至村落其他成员。所以，这种社会信任可以被视为普遍信任的初级阶段，而这对于农村社会来说十分有用，因为这种信任会把一个村庄里所有的村民联结起来，大家一起采取集体行动来处理村里的公共事务。

四 村庄层面社会资本的存量

在本书的研究中，笔者更倾向于把社会资本看做一个社区的集体属性。因此，笔者把村庄作为一个基本的分析单位，基于村民对上述调查问题的反馈，笔者将汇总统计每个村庄中不同类型以及不同维度的社会资本的存量情况（见表2-7）。

表2-7 公民组织参与的平均值

项目	最小值	最大值
健身或运动型公民组织	0.00	0.65
娱乐或文化型组织	0.00	0.75

续表

项目	最小值	最大值
宗教组织	0.00	0.85
专业技能培训组织	0.00	0.50
公益组织	0.00	0.70

第一，为测量村民参与正式公民组织的比例，笔者将每个受调查村庄中所有调查对象的反馈进行了汇总。对于健身/运动团体，348 个村庄的平均值分布从较高的 0.65 到最低的 0.00，0.65 意味着在这个村庄中有 65% 的村民表示参加过健身或运动团体，0.00 则表示该村没有任何村民表示曾参加过这些组织。对于娱乐或文化团体，348 个村庄的平均值分布是从较高的 0.75 到最低的 0.00，0.75 意味着村里 75% 的村民参加过娱乐或文化团体，0.00 则表示这个村子里没有任何村民参加过这些组织。对于宗教组织，348 个村庄的平均值由较高的 0.85 变化到最低的 0.00，0.85 的含义是指该村 85% 的村民加入过宗教组织，而 0.00 则意味着这个村没有任何村民加入过这样的组织。对于专业技能培训的组织，348 个村庄的平均值由较高的 0.50 变化到最低的 0.00，0.50 就是说村里 50% 的村民参加过专业技能培训的组织，0.00 则意味着该村没有任何村民加入过这样的组织。对于公益组织，348 个村庄的平均值由较高的 0.70 变化到最低的 0.00，0.70 指的是这个村有 70% 的村民参与过公益组织，0.00 则表示该村没有任何村民参加这样的组织。笔者随后对上述五个方面的平均值进行了简单相加，形成了一个综合指数，用以反映每个村庄里的村民对正式组织的参与状况，而该指数将用于下面各章节的多变量分析之中。①

第二，为测量包容性网络的参与度，笔者将每个受调查村庄里所有调查对象的反馈进行了汇总。对于和其他农民的关系而言，348 个村庄的平均值由较高的 5.0 变化至较低的 1.0，得分 5.0 的村庄意味着被调查村庄里农民之间的关系是十分密切的，而在得分 1.0 的村庄中农民之间的关系是完全不熟悉的。对于与其他村民的合作行动，348 个村庄的平均值由较高的 5.0 变化至较低的 1.0；得分 5.0 的受调查村庄里的农民之间的合作行为大量存在，而在得分 1.0 的受调查村庄里这样的行为几乎没有。笔者

---

① 这五个项目的可靠性分析产生了一个可靠性系数（alpha），得分为 0.88。

在对上述两个方面的平均值进行简单相加后，形成了一个综合指数用以反映每个村庄里村民对包容性网络的参与状况，这一指数将被用于后续章节的多变量分析之中。

第三，当测量排外性网络时，如果有一个村民表示村庄里有宗族组织，那么这个村庄就被认为拥有宗族组织。根据调查的结果，在348个村庄中，有87个村庄拥有宗族组织。而在这87个拥有宗族组织的村庄里，有24个村庄有自己的祠堂，这意味着这24个村庄有着比较完善的宗族组织。

第四，在测量主观规范时，笔者将亲戚之间的信任、同一村落同一姓氏村民之间的信任视为典型的特殊信任。因此，如果把被调查者对于这两个问题的反馈综合起来，就可以得出每一个受调查村庄的特殊信任强度。对于亲戚之间的信任，348个村庄的平均值由较高的5.0——被调查的村庄里亲戚之间的特殊信任十分强烈——变化至较低的3.0，即被调查的村庄里亲戚之间的特殊信任度一般。对于同一村落同一姓氏村民的信任，348个村庄的平均值由较高的5.0——被调查的村庄里同一姓氏村民之间的特殊信任十分强烈——变化至较低的2.4，即被调查的村庄里同一姓氏村民之间的特殊信任度一般。笔者对上述两个问题的平均值进行了简单相加，形成一个综合指数用以反映每个村庄里特殊信任的强度。这一指数将被运用于下面各章节的多变量分析中。

第五，笔者将对于不认识的外人的信任视为典型的普遍信任。为了测量被调查村庄中的普遍信任度，将这些村庄里所有被调查对象的反馈加以汇总。汇总之后的结果表明，348个村庄的平均值由较高的4.7——被调查村庄中的普遍信任十分强烈——变化至较低的1.0，即该村庄里的普遍信任较低。

基于上述调查结果，在这一部分笔者概括出了以下四个主要发现。第一，很显然，紧密型社会资本仍然大量存在于中国农村地区。就紧密型社会资本的客观网络而言，尽管新中国成立后政府作出了很大努力以使新的基层政权组织（也就是人民公社）代替旧的、传统的宗族网络，但随着1978年之后改革开放的推进以及人民公社制度的瓦解，宗族纽带再次出现，并成为农村地区的普遍现象。正如上述调查结果所揭示的那样，在348个村庄里，有87个村庄拥有宗族组织。换句话说，就是大约有25%的被调查村庄有着某种宗族组织。此外，大约6.9%的被调查村庄有较发达的宗族组织，且建立了共同的祠堂。对于紧密型社会资本的主观规范而言，绝大多数被调查的村庄都有着较高的特殊信任度，在本书的研究中，它是根据对亲戚的信任以及对同一村落同一姓氏村民的信任来测量的。有超过60%的被调查村庄平均分高于4.0，这意味着在这些被调查的村庄里，特殊信任十分强烈。

第二，尽管现代化的、跨越型的社会资本在中国农村地区正在形成，但是其存量还很有限。随着改革的深化以及市场化的继续推进，普遍信任与包容性社会网络在我国农村地区已经粗具雏形，并且一定程度上促进了不同社会背景的村民之间的整合。在本书的研究中，包容性网络主要通过农民之间的关系以及村子里的合作行为而测量。首先，关于村民之间的关系，有超过40%的被调查村庄平均分低于2.0，意味着这些村庄中农民之间的关系是"不熟悉的"。其次，关于村里的合作行为，有超过55%的被调查村庄的平均分低于2.0，意味着这些村庄里农民的合作行为不是很多。此外，多数被调查的村庄中普遍信任都很低。有超过74%的被调查村庄的平均分都低于2.0，这就揭示出在这些村庄里对于不认识的外人的普遍信任很少。

第三，为了检验本研究中对中国农村地区不同类型以及不同维度的社会资本的划分是否可行，笔者建立了一个结构方程模型。[①] 模型分析的结果显示在图2-2之中。总的来说，从这一结构方程模型得出的结果显示，两类社会资本——跨越型社会资本与紧密型社会资本——毫不相关。这就证明了两种类型的社会资本是彼此独立的，从而也就佐证了笔者的理论观点，即跨越型社会资本与紧密型社会资本应该区分开来，分别对待。

同时，图2-2也显示，跨越型社会资本的两个方面——普遍信任与包容性网络——是密切相关的。这两个方面构成了跨越型社会资本的潜在变量，意味着这两个方面合在一起可以用来建构跨越型社会资本。这一发现也证实了普特南教授的观点，那就是"普遍互惠的有效规范很可能与社会

[①] 笔者运用了AMOS统计软件进行了分析。关于AMOS和结构方程模型的介绍请参阅，Rex B. Kline, *Principle and Practice of Structural Equation Modeling* (New York: Guilford Press, 1998); Barbara M. Byrne, *Structural Equation Modeling with AMOS: Basic Concepts, Applications, and Programming* (Mahwah, New Jersey: Lawrence Erlbaum Associates, Publishers, 2001)。

交往的密集网络有关。在一些社区里，人们相信信任会有回报，而不是被剥夺，那么，社会交往就很可能接着产生。而一段时期中的多次社会交往则会促进普遍互惠规范的发展"。①

与此同时，紧密型社会资本的两个方面——特殊信任与排外性网络——也是紧密相关的，而且这两方面也构成了紧密型社会资本的潜在变量。所以，这两个方面合在一起可以用来建构紧密型社会资本。这一发现揭示了在一些农村社区里，人们只信任家庭成员、亲密朋友或者那些与自己有着共同背景的人，他们更倾向于参与排外性网络。他们与该网络中成员的交往会促进他们之间特殊信任的发展。

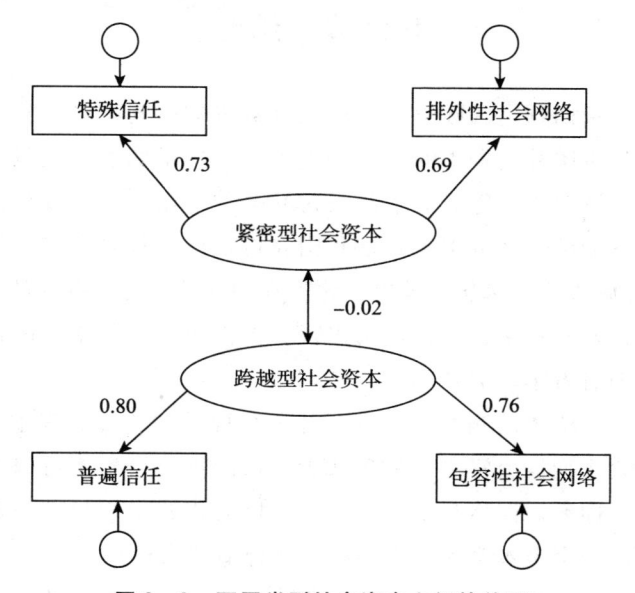

图 2-2　不同类型社会资本之间的关系

第四，在西方社会，正式公民组织被视为社会资本的组成部分。然而，在中国农村地区，这些公民组织是由政府发起的，且高度依赖于政府。而且，中国农村多数的正式公民组织往往不是建立在志愿的基础之上，也不是沿着水平的方向建构起来的。志愿建立与水平方向，是罗伯特·普特南提出的两项要求，他认为，任何公民组织在添加至社会资本的

---

① Robert Putnam, Robert Leonardi, and Raffaella Nanetti, *Making Democracy Work: Civic Traditions in Modern Italy*, p. 172.

指数之前必须满足这两个条件。① 因此，正式公民组织并不是测量中国农村地区社会资本的一个恰当的指标。在本研究的调查结果中，大约60%的被调查村庄没有健身/运动组织，70%的被调查村庄里没有宗教组织，55%的被调查村庄里没有专业技能培训组织。因此本书的研究里，笔者认为，农民对正式公民组织的参与是独立于社会资本的测量之外的，实证分析的结果也证明了这一点。农民对正式公民组织的参与作为一个自变量会出现在下面各章节的多变量分析之中。通过多变量分析，笔者试图理解农民对正式公民组织的参与是如何影响村庄经济发展与民主治理的。

第六节 结论

这一章概括回顾了国际学术界对社会资本的不同测量方法，并且对观察过去三十年中国社会资本的发展提供了一个广阔的宏观图景。基于国际学术界的理论资源以及笔者对中国农村社会的观察，本章设计了一个适应我国农村场景的综合性框架来测量我国农村地区的社会资本。笔者认为随着1978年之后改革的深化以及市场化进程的继续推进，现代的、跨越型的社会资本已经开始在中国农村地区出现。但传统的、紧密型的社会资本在农村地区依旧有着牢固的基础。

通过对社会资本的测量，笔者区分了两种类型的社会资本——跨越型社会资本与紧密型社会资本。笔者认为，这两种社会资本可以在两个维度上得以测量，即客观网络与主观规范。村民对正式组织的参与对于测量中国农村地区的社会资本来说，并不是一个合适的指标。

具体说来，跨越型社会资本的客观网络由两个方面来测量，一是与其他农民的关系；二是与其他农民的合作。与此同时，跨越型社会资本的主观规范可由对外人的普遍信任度而测量。紧密型社会资本的客观网络由对宗族组织的参与而测量。紧密型社会资本的主观规范则由两个方面得以测量，一是对亲人的信任度；二是对同一村落同一姓氏的村民的信任感。

从348个村落的调查数据而得出的实证结果支持了笔者的论点，即，跨越型社会资本在中国农村正在形成；然而，紧密型社会资本在农村地区

---

① Putnam, *Bowling Alone: Collapse and Revival of American Community*; Robert Putnam, Robert Leonardi, and Raffaella Nanetti, *Making Democracy Work: Civic Traditions in Modern Italy*.

仍旧有着牢固的基础。四个独立的变量代表了两种类型社会资本的客观维度与主观维度：特殊信任、普遍信任、包容性社会网络、排外性社会网络，每一个被调查的村庄都形成了这四个变量的测量指数，并且会出现在下面各章节的多变量分析之中。通过多变量分析，笔者试图理解这四个独立的变量（特殊信任、普遍信任、包容性社会网络、排外性社会网络）是如何影响村庄经济发展与民主治理的。

第三章 社会资本与中国农村的社会经济发展

在研究社会资本的效应时，笔者认为一个宏观与微观的二分是非常有必要的。在探索两种不同类型的社会资本对我国农村地区社会经济发展（socioeconomic development）的影响时，笔者的探讨主要集中在宏观的层面上，重点是分析一个村庄所拥有的两种类型社会资本的存量对其总体社会经济发展的影响。基于笔者对以往社会资本理论研究的梳理和归纳，本章的基本假定是跨越型社会资本的两个方面——包容性网络与普遍信任对我国农村社会经济的发展起着积极作用，而紧密型社会资本的两个方面——排外性网络与特殊信任却对我国农村社会经济的发展起着消极作用。

在这一章里，笔者设计了一个用于测量村庄社会经济发展程度的综合指数，这一指数主要包括了四个领域，即工业化、医疗卫生、生活质量和平均收入。对这四个指标的因子分析（factor analysis）结果显示，在上述四个领域中有一个领域发展得很好的村庄通常在其他领域发展得也很好。换句话说，存在一个共同的潜在因子使得村庄在这四个领域中要么都发展得比较好，要么都发展得比较差。那么这个潜在因子是什么呢？是什么原因导致了村庄之间的这种发展的差异，使得一些村庄的社会经济发展比较良好，而另一些村庄则在社会经济发展方面表现糟糕？本章的主要内容就是试图通过对在农村地区进行的调查结果进行分析来回答这一问题。

此外，笔者还收集了8个典型村庄的田野调查资料，并对其进行深度案例分析。借助斯图尔特·密尔（Stuart Mill）的求同法（Methods of Agreement）与求异法（Methods of Difference），笔者辨别了何种类型的社会资本有助于解释村庄社会经济发展的好坏。最后笔者对从348个村庄收集到的数据进行了多变量的回归分析，回归分析的结果以及深度案例研究都证实了笔者的假设，即跨越型社会资本对村庄社会经济的发展起到了积极的作用，而紧密型社会资本则对村庄社会经济的发展有不利的影响。

第一节 理论性探讨与检验性假设

在普特南对意大利不同地区的社会资本进行研究之后，越来越多的学者认识到社会资本在不同层面（比如，全国层面、地方层面以及社区层面）对社会经济的发展起着积极作用。①

在讨论社会资本在宏观层次的效应的时候，普特南等学者在《使民主运转起来》一书中所做的开创性探讨是不容忽视的。他们通过比较意大利北部与南部地区社会经济的发展状况，指出北部地区较好的发展绩效与该地区丰富的社会资本存量密切相关。此外，他们还试图解释是什么样的机制使得社会资本对一个地区的社会经济发展产生了影响。

根据他们的研究，首先，社会资本减少了社会中的交易成本（transaction cost）、强化了个人之间的合作。普特南等学者认为"普遍互惠互利的有效规范"是社会资本的重要构成部分，而且"与社会交往的密集网络紧密相关"。② 在那些社区成员交往频繁的社区里，人们相信如果他们帮助了别人，那么以后他们也会得到别人的帮助。因此，在这些社区里，人与人之间的普遍信任就较为丰富，社会交往也更为便利。社会交往便利了人与人之间的交易，而且"一段时期中的经常性社会交往则会强化普遍互惠互利的规范"。③

其次，社会资本也有助于化解集体行动中的困境，并鼓励个人之间的合作。普特南把公民参与的正式网络视为社会资本的重要组成部分，并指出正式的公民组织会增进个人之间的交流，从而有助于培育起个体之间的信任。④ 如果人们更多了解到社会中其他人的可靠性，那么他们就会更加信任别人，从而带来更多成功的合作。于是拥有高度信任的社会往往会有更好的社会经济发展绩效。

---

① Fukuyama, *Trust: The Social Virtues and the Creation of Prosperity*; Knack and Keefer, "Does Social Capital Have an Economic Payoff? A Cross-Country Investigation;" Halpern, *Social Capital*; Robert Putnam, Robert Leonardi, and Raffaella Nanetti, *Making Democracy Work: Civic Traditions in Modern Italy*.
② Robert Putnam, Robert Leonardi, and Raffaella Nanetti, *Making Democracy Work: Civic Traditions in Modern Italy*, p. 172.
③ Ibid., p. 172.
④ Ibid., p. 172.

此外，普特南还区分了横向组织与纵向组织对形成社会资本的不同影响。横向组织的成员因为有着相似的社会经济地位并在志愿的基础之上聚在一起，而纵向组织的成员之间则有着各种不同的阶层等级与依附性关系。普特南认为，横向组织会增进社会资本，但纵向组织则不会。一方面，纵向流动的信息往往没有横向流动的信息可靠，因为上下等级之间通常会歪曲或隐藏对他们不利的信息。另一方面，在不同的阶层等级与依附性关系中很难孕育互惠互利的普遍性规范，因为对机会主义行为的制裁往往不会施加于上级，而且即便进行了制裁，也很少会执行。①

约翰·海利威尔（John Helliwell）和普特南在随后的关于意大利社会资本的实证研究也揭示，不同的社会资本存量导致了意大利经济发展的地区差异。他们的研究发现，1950年至1990年间，意大利那些存在着大量公民团体的地区，往往经济发展也较好。②

总结学者们关于社会资本促进经济发展的机制的探讨，笔者认为社会资本主要通过三个机制来对不同地区的社会经济发展绩效产生自己的影响。第一，社会资本能够降低交易成本。交易成本是指这样的资源——它们用于增加交易双方的有效信息，并强化对交易的监督与执行。③ 在经济学中有个人理性最大化的假设。理性的个人往往力图实现自身利益的最大化，甚至不惜牺牲他人的利益。如果没有正式制度来监督并执行协议，那么人们就会担心他人会为增加自身的经济利益而采取机会主义的行为从而不遵守协议的履行。因此，如果没有正式制度来监督并执行协议，那么即使存在互惠互利的关系，人们还是很难达成协议。而这正是很多发展中国家经济发展过程中最大的障碍。

社会资本的作用就在于它能够通过提供他人的可信性档案，以及提高机会主义行为的成本来抑制机会主义行为。所以，社会资本能让交易双方相信没有一方会采取机会主义的行为，从而促使交易双方达成协议，这将极大地提高经济运行的效率，促进经济的健康快速发展。正如卡尔斯·鲍

---

① Robert Putnam, Robert Leonardi, and Raffaella Nanetti, *Making Democracy Work: Civic Traditions in Modern Italy*, pp. 172 – 173.
② John Helliwell and Robert Putnam, "Economic Growth and Social Capital in Italy," *Eastern Economic Journal* 21, no. 3 (1995): 295 – 307.
③ Gaute Torsvik, "Social Capital and Economic Development: A Plea for the Mechanism," *Rationality and Society* 12, no. 4 (2000): 451 – 476.

埃克斯（Carles Boix）与丹尼尔·伯斯纳（Daniel Posner）所总结的，社会资本会减少人们走向机会主义的可能性。那些曾用来监督交易双方行为的资源就可以节省下来，并用在更具生产力的投资上面。①

斯蒂芬·南克（Stephen Knack）与菲利普·基弗（Philip Keefer）认为，在一个低信任度的社会里，协议的执行需要更为正式的规章与制裁。然而，在高信任度的社会里，人们对他人可能采取的行为带有一种信任式的期待，且协议的执行多依赖于非正式规则，而不是正式规章。通过这种方式，社会资本就能有效降低交易成本并提高经济效益。②

在讨论社会资本的效应时，应该注意区分不同类型的社会资本给经济发展带来的不同影响，因为跨越型社会网络与紧密型社会网络在抑制机会主义行为方面有着不同的作用。③ 紧密型社会网络具有排外性，从而把相异于该网络的人们排除在外。在每一个这样的排外性网络之中，机会主义的行为受到抑制，但是在网络之外，机会主义的行为得不到任何监测与抑制。跨越型社会网络则不一样，它能够把不同社会背景的人们都联系起来，从而能够对机会主义的行为进行普遍性的监督。机会主义行为一旦在跨越型社会网络中得到曝光，那么就会在各种社会层面损及个人声誉，进而引发跨越型网络内部与外部的双重惩罚。正是这样的机制保障了机会主义行为在整个社会中受到普遍性的抑制。④

第二，社会资本鼓励创新与投资。在高信任度的社会里，人们更愿意相信他们的制度与政府官员，也更相信政府的经济政策是稳定与值得信赖的。所以，投资者对他们的长远利润更有信心。⑤ 因此，社会资本会带来更多的投资以及更多有创新的经济活动；毕竟，当人们信任现有的政治经

---

① Carles Boix and Daniel Posner, "Social Capital: Explaining Its Origins and Effects on Government Performance," *British Journal of Political Science* 28, no. 4 (1998): 686 – 693.
② Knack and Keefer, "Does Social Capital Have an Economic Payoff? A Cross-Country Investigation."
③ Margaret Levi, "Social and Unsocial Capital," *Politics and Society* 24, no. 1 (1996): 45 – 55.
④ Sjoerd Beugelsdijk and Ton van Smulders, "Social Capital and Growth in European Regions: An Empirical Test."
⑤ Joseph E. Stiglitz, "Formal and Informal Institutions," in Partha Dasgupta and Ismail Serageldin, eds., *Social Capital: A Multifaceted Perspective* (Washington, DC: World Bank, 2000), pp. 59 – 68.

济制度时，人们就愈发可能"选择长期而非短期的生产技术"。①

第三，社会资本有助于化解集体行动的困境，并维持社会或社区成员之间的合作。经济学家早已认识到集体行动的困境，并视其为经济增长的阻碍之一②。在不能排除他人使用公共产品时，试图最大化自身利益的理性个体往往趋向于"搭便车"（free-riding）。如果每个理性个体都想"搭便车"而不愿意付出成本，那么对整个社会有益的公共产品就难以继续维持下去。

对于一个社会或社区来说，密集的跨越型社会网络将会增强成员之间的群体认同感与互惠互利感。社会或社区里的社会网络越密集，人们对于他人利益以及公共利益的关注就越多。③ 公民之间的互惠规范与社会信任感有助于化解集体行为的困境；能有效改变人们对他人行为的期望，能将人们的考量由狭隘利益转向公共利益，从而有助于公共产品的生产与供给。④

除了理论上的探讨以外，许多学者还通过进行国家层面的定量分析，旨在确定社会资本与一国社会经济发展之间的关系。大卫·哈尔珀（David Halpern）使用对大多数人的信任这一变量来测量社会资本，数据的基础来源于世界价值观调查。同时，他使用人均国内生产总值（GDP per capita）来测量经济发展。他的研究显示，社会信任水平较高的国家往往在经济上较为富裕。⑤

斯蒂芬·南克与菲利普·基弗使用社会信任水平与公民合作来测量社会资本，并假定二者与经济发展状况相关。根据他们的研究，一个国家内的社会信任存量越丰富、公民之间的合作越多，那么该国的经济发展状况就越好。他们的经验研究揭示，社会资本与经济发展之间有着重要的关系。如果一个国家社会信任存量增加10%，其经济发展的速度就能提高0.8%。⑥ 但是，他们的研究也发现，社会网络对经济发展不总是有着积极

---

① Knack and Keefer, "Does Social Capital Have an Economic Payoff? A Cross-Country Investigation."
② Mancur Olsen, *The Logic of Collective Action*: *Public Goods and the Theory of Groups* (Cambridge, Mass.: Harvard University Press, 1965).
③ Terrence Casey and Kevin Christ, "Social Capital and Economic Performance in the American States," *Social Science Quarterly* 86, no. 4 (2005): 826–845.
④ Asimina Christoforou, "On the Determinants of Social Capital in Greece Compared to Countries of the European Union," FEEM Working Paper No. 68 (Fondazione Enrico Mattei, Milano, 2005).
⑤ Halpern, *Social Capital*.
⑥ Knack and Keefer, "Does Social Capital Have an Economic Payoff? A Cross-Country Investigation."

的、显著的影响。作为紧密型社会资本的一部分，基于种族、政治或宗教因素形成的排外性网络可能会在网络内部增进成员之间的信任与合作，从而会以社会其他成员的利益为代价追逐网络内部的狭隘利益。因此，这些排外性网络对经济发展会产生消极的影响。①

斯杰德·比格斯蒂克（Sjoerd Beugelsdijk）与汤·万·斯马尔德斯（Ton van Smulders）使用来自欧洲价值观调查（European Value Studies）的数据，进行了一项基于欧洲地区的实证研究来检测社会资本与经济发展之间的关系。他们沿用了普特南关于跨越型社会资本与紧密型社会资本的区分，并把跨越型社会资本定义为参与跨越不同社会阶层的开放性网络，而把紧密型社会资本定义为参与家庭与朋友间的紧密性社会网络。他们认为，无论是参与开放性网络，还是参与紧密性网络，都会耗费时间。如果人们在这些网络上花费的时间太多，那么，他们就得减少从事正常经济活动的时间。但是，对开放性社会网络的参与却可以减少寻租与欺骗的行为，从而会促进一个社会的经济发展。②所以他们假定，如果一个社会在整体上拥有较少存量的跨越型社会资本与较多存量的紧密型社会资本，那么相对于一个拥有较多存量的跨越型社会资本与较少存量的紧密型社会资本的社会而言，这个社会的经济发展水平就会比较低。

他们的实证研究显示，在一个社会之中，人们如果参与过多家庭与朋友间的封闭网络，就会削弱他们对开放性社会网络的参与。而对开放性社会网络参与的减少会对这个社会经济的发展产生不利的影响。③他们的研究结论是，跨越型社会网络对欧洲地区发展有着积极的、重要的影响。在一个社会里，如果跨越型社会资本存量水平较高，那么就会有为数众多的人参与到联结不同社会阶层的开放性网络中，抑制社会中的机会主义行为，从而便于采取集体行动解决社会的共同问题。所以这样的社会通常经济发展水平也较高。但是，在紧密型社会资本与经济发展之间却不存在这样的正相关关系。

基于他们的经验调查结果，迈克·武考克（Michael Woolcock）与迪帕·纳拉扬（Deepa Narayan）进一步阐释道，社会资本发挥何等作用取决

---

① Knack and Keefer, "Does Social Capital Have an Economic Payoff? A Cross-Country Investigation."
② Beugelsdijk and Smulders, "Social Capital and Growth in European Regions: An Empirical Test."
③ Ibid.

于紧密型社会资本与跨越型社会资本在一个社会中的不同组合。在某些特殊情况下，紧密型社会资本可能有利于经济发展，因为它能赋予家庭和熟人网络以认同感与共同目的。比如说，紧密型社会资本能够为熟人网络成员提供诸如工作推荐、信贷以及筹措资金等重要的社会服务，但是，如果人们对其所属群体尤为忠诚，那么可能就导致一种现象，即人们会在牺牲其他群体利益的基础之上来谋求自身所属群体的利益。[1] 例如，美国学者福山曾经指出，作为一种家族式的、集体导向型的文化，东亚儒家文化经常促使人们追逐狭隘利益或者家族利益，甚至不惜牺牲整个社会的利益。[2]

武考克与纳拉扬明确表示，如果没有跨越型社会资本把基于不同宗教、阶级、种族、性别以及社会地位的社会阶层联系起来，那么紧密型社会资本只能沦为追求狭隘群体利益的基石。[3] 所以，紧密型社会资本与跨越型社会资本在一个社会中的组合异常重要。二者理想的组合如下：紧密型社会资本通过利用亲密的团体成员关系所带来的便利如财政支持，来帮助个人建立他们的事业。在这一过程中，个人可以提升自己的能力与资源，从而能参与到超越自身社区的开放性网络之中。度过这一阶段以后，跨越型社会资本就会使个人与外部世界的联系更为便利。

然而，如此理想的结合很难实现。比如说，在东亚地区，尽管家族式或血缘式的责任与信任有助于家族企业与家庭经营企业的发展，可是大多数这样的公司往往没有发展为去掉个人色彩的股份公司。这其中的一个主要原因就是，基于家庭与族群的儒家文化对东亚社会的影响如此巨大，以至于这些家族和宗族网络不能超越自身团体的局限而转变为现代化的包容性社会网络。[4]

武考克与纳拉扬也强调，紧密型社会资本既能推动经济发展，又能阻碍经济发展，这要依具体情况而定。[5] 未来社会资本研究的方向应该是，不但要探索在什么样的情况下紧密型社会资本有益于经济发展，还要探索如何帮助弱势人群获得更为多样化的跨越型社会资本。

---

[1] Michael Woolcock and Deepa Narayan, "Social Capital: Implications for Development Theory, Research, and Policy," *The World Bank Observer* 15, no. 2 (2000): 225-249.

[2] Fukuyama, *Trust: The Social Virtues and the Creation of Prosperity*.

[3] Woolcock and Narayan, "Social Capital: Implications for Development Theory, Research, and Policy."

[4] Fukuyama, *Trust: The Social Virtues and the Creation of Prosperity*.

[5] Woolcock and Narayan, "Social Capital: Implications for Development Theory, Research, and Policy."

更为重要的一点是,在很多发展中国家进行的经验研究都证实了,社会资本能够促进这些国家农村地区的社会经济发展。关于北埃塞俄比亚的实证研究揭示,这些地区的村民对地方组织的参与会对牧区的管理产生积极且重要的影响。[1] 而对印度农村社会资本的研究则揭示,无论是在湿地保护活动中,还是在合作开发活动里,社会资本都与更好的农村社会发展呈现出正相关的关系。[2]

此外,另一项由世界银行组织的、关于印度尼西亚与玻利维亚的研究显示,参与地区开放性团体能够增加农村家庭的收入。社会资本鼓励了农民们的集体行动,从而有助于提高农民们的收入与生活水平,并能降低这些地区的贫困水平。[3] 相比教育对农民生活水平的影响,社会资本对其生活水平的影响要更加显著,这也间接证明了斯蒂格利茨的判断,即第三代发展理论的范式强调社会资本比人力资本来得更为重要。

在印度所进行的一项实证研究发现,在印度诸邦,密集的地方性社会团体网络与农民家庭平均消费支出呈正相关关系,与贫困呈负相关关系。[4] 而另一项关于印度农村社会的研究则发现,社会资本对农村社区发展有着积极影响,社会资本通过强化成员的群体认同感而促进农村社区的发展。在拥有较高存量社会资本的农村社区,个人更加关注其社会声誉,从而很少采取机会主义的行为。这是因为在社会资本存量多的农村社区,人们与他人联系越多,就愈发关注他人对自己的看法与评价,而机会主义行为则会破坏人们在社会网络中的声誉。[5]

此外,学者们还发现实证研究的结果也支持社会资本能促进投资和创

---

[1] Berhanu Gebremedhin, John Pender, and Girmay Tesfay, "Collective Action for Grazing Land Management in Crop-livestock Mixed Systems in the Highlands of Northern Ethiopia," *Agricultural Systems* 82, no. 3 (2004): 273–290.

[2] Anirudh Krishna and Norman Uphoff, "Mapping and Measuring Social Capital: A Conceptual and Empirical Study of Collective Action for Conserving and Developing Watersheds in Rajasthan, India," Social Capital Initiative Working Paper No. 13 (Washington, D.C.: The World Bank, 1999).

[3] Christian Grootaert and Deepa Narayan, "Local Institutions, Poverty and Household Welfare in Bolivia," *World Development* 32, no. 7 (2004): 1179–1198.

[4] Matthew Morris, "Social Capital and Poverty in India," Working Paper No. 61 (Institute of Development Studies, Sussex, 1998).

[5] Gaute Torsvik, "Social Capital and Economic Development: A Plea for Mechanisms," in Sanjeev Prakash and Per Selle, eds., *Investigating Social Capital: Comparative Perspectives on Civil Society, Participation and Governance* (New Delhi: Sage publications, 2004), pp. 257–280.

新的结论。在探讨美国各县经济发展的决定性因素时，学者们发现，社会资本降低了交易成本，促进了美国一个地区的技术革新与企业家精神，从而使投资行为更加便利、资源分配更加有效。总之，在美国各县中，社会资本对经济增长有着显著的、积极的影响。①

基于上述理论探讨，笔者假定跨越型社会资本的两个方面——包容性网络与普遍信任——对农村社会经济的发展有着积极影响；然而，紧密型社会资本的两个方面——排外性网络与特殊信任——则对农村的社会经济发展有着消极影响。跨越型社会资本与农村发展绩效的假设关系在表3-1中得以概括。经常参与包容性网络并积聚普遍信任，将有助于村民之间降低交易成本、抑制机会主义行为、促进集体行动、维持村民之间的合作，从而更好地促进经济发展。那些有着较多包容性网络与普遍信任的村庄更可能在社会经济发展的四个领域诸如工业化、医疗卫生、生活质量以及平均收入的指标上表现得更好。

表3-1 社会资本与发展绩效的假设关系

	发展绩效
跨越型社会资本	
参与包容性网络	＋
对不认识的外人的普遍信任	＋
紧密型社会资本	
参与排外性网络（宗族组织）	－
特殊信任	－

表3-1也概括了紧密型社会资本与农村发展绩效的关系，笔者推测密集的排外性网络与强烈的特殊信任感会强化人们对所属群体（或者家族）的忠诚度，如果这样的忠诚很强烈，那就会促使人们追求狭隘的小团体利益，从而不顾及整个村庄的共同利益。因此，密集的排外性网络与强烈的特殊信任感势必会损害村庄的整体发展绩效。所以笔者认为，有着较多存量的排外性组织（也就是宗族组织）以及特殊信任的村庄在社会经济发展

---

① Anil Rupasingha, Stephan J. Goetz, and David Freshwater, "Social and Institutional Factors as Determinants of Economic Growth: Evidence from the United States Counties," *Regional Science* 81, no. 2 (2002): 139–155.

的四个领域中有着较低的绩效得分,这四个领域分别是工业化、医疗卫生、生活质量以及平均收入。

第二节 中国农村地区的经济发展

在这一部分,笔者将回顾我国农村地区经济制度的演进,并集中探讨中华人民共和国成立后我国农村地区经济制度的转型。通过回顾这一历程,笔者试图为理解我国农村的基层组织及其对社会经济发展的影响提供一个广阔的宏观背景。

从古代社会开始,中国农村的基本单元就是村庄。一直以来,中国人口的绝大部分都是农民,占总人口比例高达80%—90%。中国农民主要生活在大约900000座村落里,每个村落的平均规模为1000—2000人。

1949年中华人民共和国成立以前,中国农村社会结构的特征是一小部分乡绅与地主统治着占大多数的农民。在《中国农民中各阶级的分析及其对于革命的态度》一文中,毛泽东把中国的农村人口分为八类:大地主、小地主、自耕农、半自耕农、半雇农、贫农、雇农以及农村手工业者、游民。[①] 这八类人口可以进一步划分为三个阶层:地主与富农阶层、中农阶层以及贫农阶层。大地主与小地主属于地主与富农阶层,他们占据中国农村社会结构的金字塔顶端。[②] 地主与富农拥有绝大部分可耕地,且通过剥削贫农为生,比如征收重租。在1949年以前,该阶层在中国农村人口比例中不到10%,但是他们拥有70%以上的可耕地(见表3-2)。自耕农属于农民中的中间阶层,大部分都拥有少量土地,基本上可以自给自足。半自耕农、半雇农、贫农、雇农以及农村手工业者、游民都属于贫农阶层,他们很少拥有甚至根本没有土地。在毛泽东看来,半自耕农比贫农阶层中其他没有土地的成员相对富裕一些。半雇农、贫农以及没有土地的雇农都为地主与富农阶层所雇佣,并承受他们的剥削与压迫。游民是指那些在农村没有工作的人。在1949年以前,中农与贫农阶层占据了农村人口的90%,却只拥有不到30%的可耕地(见表3-2)。

---

① 毛泽东:《中国农民中各阶级的分析及其对于革命的态度》,《中国农民》1926年第1期。
② Jonathan Unger, "The Class System in Rural China: A Case Study," in James L. Watson, eds., *Class and Social Stratification in Post-Revolution China* (Cambridge: Cambridge University Press, 1984), pp. 121-141.

表3-2 土地改革前后的中国农村土地所有制

		地主与富农	中农与贫农
土地改革之前	农村人口的比例	<10	>90
	人均拥有的可耕地（亩）	—	—
	可耕地的比例	>70	<30
土地改革之后	农村人口的比例	—	—
	人均拥有的可耕地（亩）	—	—
	可耕地的比例	8	>90

注：亩是我国农村传统的面积单位，等于6.667公亩或0.165英亩。
资料来源：邱泽奇：《当代中国社会分层状况的变迁》，河北大学出版社，2004，第40页。

  1949年之后，中国政府逐渐在农村地区建立起了新的组织结构，其中最根本的改变就是把农民组织起来进行集体生产，从而改变了传统上单个家庭的农业生产方式。从20世纪50年代中期至80年代初期，集体生产一直是农村的主要经济制度。

  自1946年起，中国共产党统治的解放区——华北地区开始实施土地改革。在随后的1950年至1953年间，中央政府又把土地改革运动扩展至中国其他地区。基于毛泽东关于中国农民各阶层的著名分析，中国共产党把农村人口分为五大类：地主、富农、中农、贫农、雇农。国家没收了地主与富农的大部分财产与土地，并分配给贫农与雇农阶层。土改运动的直接后果是导致了土地分配的巨大变革。在土改之前，地主与富农阶层拥有超过70%的耕地，而土改之后，他们则只占有8%的土地。土改之前，中农与贫农阶层占有的耕地不到30%，但是在土改之后，他们就拥有了超过90%的耕地（见表3-2）。

  土地改革之后，中央政府又立即在农村地区开展了社会主义集体化运动。当时进行农业集体化运动的理由主要有三个：第一，土改之后农民的私人土地所有制同社会主义经济体制不相适应。第二，土改之后，农村中仍存在两极分化，政府认为只有通过农业集体化才能消除农民经济的不平等。第三，中央政府期望农业集体化能够激励农民的生产热情，进而促进农业发展。[①] 从

---

① 邱泽奇：《当代中国社会分层状况的变迁》，河北大学出版社，2004。Hsin-huang Michael Hsiao, "Agricultural Strategies and Rural Social Changes in Communist China since 1949: A Macrosociological Assessment," in Yu-ming Shaw, eds., *Power and Policy in the PRC* (Boulder and London: Westview Press, 1985), pp. 266–281.

1952年开始，政府开始陆续采取措施，逐步建立了互助组、初级农业合作社与高级农业合作社。截至1952年年底，已有约40%的农户加入了互助组，有0.1%的农户加入了初级农业合作社，还有一部分加入了高级农业合作社。1955年至1956年间，农业集体化运动渐趋完成，高级农业合作社得以广泛建立。到1957年，大约有1.2亿农户成为高级农业合作社的成员（见表3-3）。到1958年，绝大多数农业合作社已经转变为人民公社。此后，农村中几乎所有的土地都为人民公社集体拥有，农村地区个体经济的基础基本消除。农民个人不再拥有土地所有权，也不能买卖土地。

表3-3　农业生产合作社的发展

年份	1952	1953	1954	1955	1956	1957
合作社的数目（万）	0.4	1.5	11.4	63.4	76	78.9
高级合作社	0.0001	0.0002	0.02	0.05	54.4	75.3
初级合作社	0.4	1.5	11.4	63.3	21.6	3.6
合作社中的农户数（万）	5.9	27.5	229.7	1692.1	11782.3	12105.2
高级合作社中的农户数	0.2	0.2	1.2	4.0	10742.2	11945.0
初级合作社中的农户数	5.7	27.3	228.5	1688.1	1040.1	160.2

资料来源：邱泽奇：《当代中国社会分层状况的变迁》，第44页。

1958年成立的人民公社制度有四个基本特征[1]：第一，土地为集体所有，实施集体耕种。所有私人拥有的土地合并起来为集体所有，所有的生产工具也为集体所有。第二，人民公社采用三级管理制度。在这项制度下，公社是最高管理机构，生产队是中级管理机构，生产小组是最小也是最基层的管理机构。第三，人民公社是基本的核算单位。公社购买农业投入的种子及其他原料、协调生产任务，并在农业收获时把农产品卖给国家。公社安排并协调每个农民的日常劳作。在偿还完其债务、购买种子等原料以及预留一部分集体的提留金之后，公社再向农户分配其剩下的利润。第四，在一年之中，农户个人如果完成公社分配的工作，就可以赚取"工分"。"工分"制使公社对农民的收入与分配有着较强的控制。[2]

---

[1] Barry Naughton, *The Chinese Economy, Transitions and Growth* (Cambridge: The Massachusetts Institute of Technology Press, 2007).

[2] Ibid.

邓小平时代的农业改革从1978年开始推进,它将中国农村地区的经济制度逐渐地"去集体化"。农村经济改革开始于家庭联产承包责任制,这一新的生产分配制度旨在调动农民的生产积极性、促进农业生产,使农村经济多元化,进而提高农民的生活水平,并促进新技术的传播与创新。1981年至1982年间,家庭联产承包责任制在全国农村地区全面推展开来。地方政府通过与农民签订协议的方式向农户们分配土地,从而使得承包责任制成为农村地区新的经济组织形式。截至1982年底,人民公社制度最终被废除,行政乡镇取代了过去人民公社承担的政治功能。此后,中国有超过90%的农村家庭回归至家庭经营,家庭再一次成为农村地区基本的经济单元,并对自身的生产、经营与盈亏承担责任。在联产承包责任制下,大部分的经济活动通过协议得以安排,该协议通过规定农民向乡镇政府上交一定数额的农业产品或资金,从而使农民合法获得土地的使用权。起初,农民对土地的租用权是一年。后来地方政府发现,协议需要延长使用年限才能在实践中产生效果。所以,最终很多地区的协议都把使用年限延长至50年。①

在改革开放之前(1949—1978年),中国政府在农村地区建立了一套严格的统购制度,用来控制农村地区农产品的生产与销售。农民必须执行地方政府分配的生产任务,并以政府规定的、十分低廉的价格把农产品出售给地方政府。1978年以后,农村地区的第二项制度改革就主要涉及农产品的销售。改革以后,大部分农产品脱离了政府的统购体制,导致主要农产品走向市场化,带来的结果就是农产品价格的大幅上涨。

1978年之后的家庭联产承包责任制以及农产品市场化等改革,目的在于提高土地的使用效率,并激发农民的生产积极性。农产品在走向市场化之后,农业专门化经营的优势开始得以显现,一些农业专业户开始专门生产特定品种的经济作物,并在市场上获得了丰厚的回报。

农村地区的最后一项制度改革就是鼓励农村商业的发展,提倡农民开展多种非农业的经济活动,并允许农村劳动力在农村与农村之间以及农村与城市之间自由流动。"去集体化"为农户家庭带来更多经济机遇,农户家庭开始对其经济上的成功与否承担全部的收益与风险。"去集体化"的另一个直接结果就是无数农民离开家乡、进入城市,他们或在工厂中工

---

① Barry Naughton, *The Chinese Economy, Transitions and Growth*.

作，或创立自己的小经济实体。1978年至1996年间，农村工业开始涌现并成为中国经济的重要组成部分。新兴的乡镇企业增加了农村收入，吸收了农村剩余劳动力，并缩小了城乡差距。

以上这些制度改革使得1978年后中国农业经济的发展有了一个显著飞跃。例如，从1979年至1984年间，粮食生产每年增长4.7%；油料作物每年增长14.9%；蔬果类增长7.2%；肉类增长9.1%；鱼类增长7.9%（见表3-4）。尽管由于农村经济制度改革导致的正面效应开始出现边际递减，比如，1985年之后农业生产增长速度开始放缓，但是农业生产增长的总体速度仍然远远超过了中国农村人口的增长速度。

快速的经济增长、城市化、农产品市场的发展都刺激了人们对肉类、水果及其他非谷物类食品的需求，这导致了农产品结构发生了重大变化（见表3-4）。这一重要变化的主要表现是，在全部农业产出中，谷物作物的比例由82%下降至56%。

如前所述，1978年之后的农村经济改革促进了农村工业的发展，乡镇企业在农村地区开始出现并快速成长壮大。我们可以从表3-4中看出，从1979年至1984年间，农村企业的产出年均增长12.3%；从1985年至1995年，年均增长24.1%；从1996年至2000年，年均增长14.0%。乡镇企业的雇工数量由1978年的0.28亿人增至1996年的1.35亿人，年均增长9%。显然，1978年至20世纪90年代中期，乡镇企业是中国经济中最活跃的一部分。[1]

表3-4 1970-2000年中国农村经济的年均增长率（%）

	改革前 1970-1978年	改革时期（1978年之后）		
		1979-1984年	1985-1995年	1996-2000年
国内生产总值	4.9	8.5	9.7	8.2
农业	2.7	7.1	4.0	3.4
工业	6.8	8.2	12.8	9.6
服务业	—	11.6	9.7	8.2
外贸	20.5	14.3	15.2	9.8

---

[1] Naughton, *The Chinese Economy, Transitions and Growth*.

续表

	改革前 1970-1978年	改革时期（1978年之后）		
		1979-1984年	1985-1995年	1996-2000年
进口	21.7	12.7	13.4	9.5
出口	19.4	15.9	17.2	10.0
粮食生产	2.8	4.7	1.7	0.03
油料作物	2.1	14.9	4.4	5.6
蔬果	6.6	7.2	12.7	8.6
肉类	4.4	9.1	8.8	6.5
鱼类	5.0	7.9	13.7	10.2
乡镇企业的产值	—	12.3	24.1	14.0
人口	1.80	1.40	1.37	0.90
人均国内生产总值	3.1	7.1	8.3	7.1

资料来源：笔者根据黄季焜（Jikun Huang）、斯科特·罗泽尔（Scott Rozelle）《贸易自由化、世界贸易组织与21世纪中国的食品经济：影响较大、适度、或是很小》相关资料（《贸易工作简报2001年》第191期，东亚经济研究所）整理。

1978年以后，农业的快速发展为农业劳动力向中国经济中非农业部门转移奠定了基础。同时，中国政府的制度改革也开始允许农村劳动力在乡镇之间、城乡之间进行流动。此外，乡镇企业的发展也吸收了一大批农村剩余劳动力。在这样的发展趋势下，农业部门的劳动力减少得很快（见图3-1）。如在1970年，中国有81%的劳动力从事农业生产；但是到2000年时，该数目已经下降到了50%。

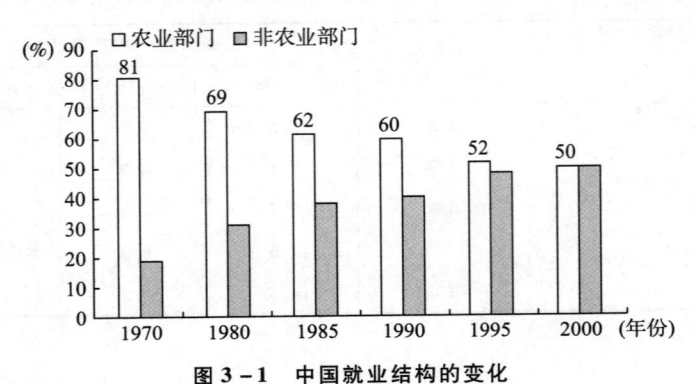

图3-1 中国就业结构的变化

资料来源：《中国劳动统计年鉴——2008》，中国统计出版社，2008。

第三节 测量农村发展绩效

由于农村发展绩效是本书中一个非常重要的因变量,所以对它的测量关系到最终模型的有效性。对发展绩效的测量,不同的学者有不同的标准。有的学者侧重经济方面,而有的学者则关心社会综合发展。考虑到中国农村的特殊社会和经济状况,在参考以往文献的基础上,本书采用了一个综合经济和社会发展的测量框架,主要使用四个指标来测量农村发展绩效。这四个指标分别是:工业化、医疗卫生、生活质量和平均收入。以下笔者将就这四个指标分别阐述它们对于测量农村发展绩效的意义。

一 工业化

1978 年之后的农村经济改革促进了农村工业的发展,这一改革导致了一个结果——乡镇企业的出现与快速发展。根据中国政府的规定,乡镇企业是市场导向型的农村集体所有制企业,直接受村与乡镇的管辖。乡镇企业起源于"大跃进"时期,最初旨在服务于农村地区,并由人民公社与生产队管理。在改革开放之前的年代,农村工业对农村发展的影响很有限,其作用仅限于生产铁、钢、水泥、化肥以及农具等。[1] 然而,在 20 世纪 80 年代和 90 年代初期,乡镇企业经历了大规模的膨胀,改革开放使得乡镇企业成为中国经济中最具活力的一部分。

1978 年以后,中央政府通过放权(decentralization)向地方政府下放了财政权力,并赋予其一定的经济自主性,各级地方政府开始对各自管理区域内的经济发展负责。经济放权改革把地方经济的繁荣与各级地方政府的利益紧密联系在一起,一个地区的经济发展越好,那么管辖该地区的地方政府就能从中获得越多的经济利益。[2] 与此同时,这一经济放权改革也给地方政府带来巨大的财政压力,因为它们必须对地方财政自负盈亏、承

---

[1] Susan H. Whiting, *Power and Wealth in Rural China: The Political Economy of Institutional Change* (Cambridge: Cambridge University Press, 2001).

[2] Yasheng Huang, "Web of Interests and Patterns of Behaviors of Chinese Local Economic Bureaucracies and Enterprises during Reform," *China Quarterly* 123 (1990): 431–458; Gabriella Montinola, Yingyi Qian, and Barry R. Weingast, "Federalism, Chinese Style: The Political Basis for Economic Success," *World Politics* 48, no. 1 (1996): 50–81.

担完全的责任，因此地方政府必须支持营利型企业的发展、制定各式各样的发展政策刺激经济。正如谢淑丽（Susan Shirk）所说，在1978年之后的改革年代里，这样的一个经济分权结构已经成为中国经济快速发展的制度性基石。①

1978年以来，村庄与乡镇的干部对乡镇企业的快速发展承担了主要的责任。正是在村庄与乡镇的层面上，基层官员们在促进集体所有制乡镇企业、个人所有的乡镇企业的发展上起到了关键性的作用。在农村工业化最为发达的乡镇地区——如江苏南部，乡镇干部就是该地区经济发展的舵手。②

乡镇企业的发展经历了两个阶段。第一个阶段是从1978年到1996年。在这个阶段里，乡镇企业发展的主力是集体所有制的乡镇企业。根据政府规定，集体所有制的乡镇企业为农村与乡镇"集体所有"。然而，尽管乡镇企业的所有权属于集体，但是这些企业的使用权或经营权被授予了企业的管理者。这样的制度安排就注定了乡镇企业在发展中的局限性，因为产权的模糊性会在市场实践中引发诸多问题。

1996年至今是乡镇企业发展的第二个阶段。乡镇企业在1995年至1996年间经历了一场巨大的倒退。中国经济的滑坡导致许多集体所有制乡镇企业的倒闭。一些评估认为，大约有30%的集体所有制乡镇企业走向破产。③ 1996年之前，在获取资源方面与法律管理规定上，私营企业都面临着严格的限制与歧视。为规避这些政策限制，大多数私人企业都注册为集体所有制的乡镇企业或者附属于集体所有制的乡镇企业。通过"挂户"或"戴红帽子"的做法，私营企业可以规避地方政府的官方限制，并且可以享有集体所有制乡镇企业的一些政策优惠，比如，在经营初期享受的税收减免。④ 在1992年邓小平"南方谈话"进一步推进市场化改革的号召下，中国政府在鼓励私营经济发展上做出了实质性的努力。在这样的背景下，

---

① Susan L. Shirk, *The Logic of Economic Reform in China* (Berkeley: University of California Press, 1993).

② Jean C. Oi, *Rural China Takes Off: Institutional Foundations of Economic Reform* (Berkeley: University of California Press, 1999).

③ Tony Saich, *Governance and Politics of China* (New York: Palgrave, 2001).

④ Kristin Parish, "Local Initiative and National Reform: The Wenzhou Model of Development," *China Quarterly* 134 (1993): 242 – 63; Jean C. Oi, "Fiscal Reform and the Economic Foundations of Local State Corporatism in China," *World Politics* 45, no. 1 (1992): 99 – 126.

大量集体所有制乡镇企业走向民营化成为大势所趋。① 私营企业开始成为农村工业发展的主要力量。因此,乡镇企业的规模客观上反映了一个地区的经济发展水平。

在本书的研究中,工业化这一变量是测量被调查村庄中乡镇企业发展的指标。具体说来,工业化这一变量是由两方面来衡量的:(1)集体所有制乡镇企业的数量;(2)民营乡镇企业的数量。就第一个方面而言,大约有84%的被调查村庄没有集体所有制乡镇企业,348个村庄总共只有56个集体所有制乡镇企业。关于民营乡镇企业的调查显示,大约有50%的被调查村庄没有私营企业,而被调查的348个村庄总共拥有175个民营乡镇企业。这样的结果表明,农村工业发展仍然存在区域间的不平衡,只有仅仅不到1/5的村庄有集体所有制乡镇企业,而民营乡镇企业的发展要好一些,但也只有大约一半的村庄有自己的民营乡镇企业。这一调查结果也与中国乡镇企业的发展现状吻合。我国的乡镇企业主要集中在东部沿海地区,这些地区由于抓住了市场改革的机会,大力发展乡镇企业,所以经济获得了长足的进步。乡镇企业对东部沿海省份经济所起的作用远远大于对其他省份的作用。

二 医疗卫生

自1949年新中国成立以来,中国政府在农村地区逐渐建立起一套集体医疗保障制度,旨在为广大农民提供基本的医疗卫生服务。此外,毛泽东还在1965年6月强调"医疗工作的重心应该转向广大农村地区"。因此,在20世纪60年代中期以后,许多地方政府医疗资源都转移到了农村地区。尽管这个医疗保障制度所提供的资源十分有限,但它极大地改进了中国农民的整体卫生健康状况。②

这一医疗保障制度有三个主要特征。第一,制度的重点是预防型的卫生保健(与医疗型相对)。第二,制度的落脚点是为那些最容易治疗的疾病与创伤提供基本服务。第三,该制度包含两大层级。第一层级由"赤脚医生"组成。他们流动行医,向村庄医疗中心的村民提供预防性的、简单

---

① Albert Park and Minggao Shen, "Joint Liability Lending and the Rise and Fall of China's Township and Village Enterprises," *Journal of Development Economics* 71, no. 2 (2003): 497-531.

② Naughton, *The Chinese Economy*, *Transitions and Growth*.

的医疗服务。在农村地区，平均每 1000 个农民中有 2 个"赤脚医生"。"赤脚医生"通常会接受大约 6 个月的培训，但这一训练时间可能短至几个月，也可能长至一年以上，培训的重点在于学习使用预防药品以及治疗简单的疾病。这些"赤脚医生"通常以"工分制"的形式到人民公社领取工资，所以，他们为农民提供的医疗服务基本上都是免费的。到 20 世纪 70 年代中期，我国农村地区已经有大约 150 万名"赤脚医生"。第二层级由乡镇医疗中心组成。它们的主要功能就是作为门诊诊所，大约 3000 人有一个这样的医疗中心。每个医疗中心有 10 张至 30 张床，中心里医术最好的成员往往只是助理医生。最严重的病患者会被转移至更高一级的医疗服务中心——通常是县医院。

  1978 年之后的农村改革导致农村的医疗保障制度发生了根本性变化。20 世纪 70 年代末期的去集体化、20 世纪 80 年代早期人民公社的解体，这些都削减了流入医疗保障制度的资源。由于人民公社逐渐瘫痪，所以无法再为"赤脚医生"提供补贴。与此同时，由于乡镇政府缺乏财政资源，乡村医生数量急剧减少，乡村医生的数量已少于 20 世纪 70 年代高峰期的 1/4。在人民公社制度解体后，"赤脚医生"的制度也于 1981 年废止。"赤脚医生"可以选择参加全国性的医师考试。他们如果通过考试，就可以领取执照成为乡村医生；如果没有通过考试，则会成为乡村保健助理。

  人民公社制度解体之后，乡村只能通过利用"五统"（这是专门用于教育、计生、民兵、退伍军人和道路建设的资金）和"三提"（包括集体产业、社会保障和干部的津贴）向农民征收公共资金，或者使用乡镇企业的利润来支撑集体医疗保障制度。

  这一制度变革带来的后果是，农村中拥有医疗保障的人口比例急剧下降。20 世纪 70 年代中期，集体医疗服务覆盖了 80% 的农村人口；但是到 20 世纪 80 年代中期时，这一比例就降至不足 10%。自 1993 年起，卫生部每过五年都会开展一项大规模的关于农村医疗保障的调查。调查结果显示，大约有 80% 的农村居民没有加入任何医疗保障计划。只有不到 10% 的农村居民拥有集体医疗服务，而且这些医疗服务多集中在比较发达的地区。[①]

  为使农村的贫困人口能负担起医疗保障，中国政府于 2005 年建立了一项新的农村合作医疗保障制度。在新的农村合作医疗保障制度下，每个农

---

① Naughton, *The Chinese Economy, Transitions and Growth*.

民每年需要承担的成本是 50 元；而实际上每个农民每年需要支出的是 10 元，中央政府会支付 20 元，省级政府则支付其余的部分。截至 2007 年 10 月，大约有 80% 的农民已经加入了这一新型的农村合作医疗保障制度。

从农村地区的医疗制度变革中，我们可以看出地方财政在其中的重要作用日益凸显。不管是"五统""三提"，还是农村合作医疗保障制度，地方政府都要在其中承担一定的份额。这使得该地区医疗卫生状况与地方财政的关系变得更加紧密。经济越发达的地区，地方财政状况越好，其医疗卫生的资金就更有保障。而在经济发展较落后的地区，地方财政往往并不宽裕，那么该地区农村的医疗保障制度就难以完善。所以，在农村医疗制度变革以后，某一地区的医疗卫生状况直接反映了当地政府的财政状况，从而也反映出该地区的经济发展水平。因此，在本书里，医疗卫生是衡量经济社会发展水平的重要指标。

在本书的研究中，医疗卫生这一变量通过两方面来进行测量：（1）村庄里诊所的数量；（2）乡村医生与保健助理的数量。本书的调查结果显示，大约 58% 的被调查村庄拥有一个诊所，348 个被调查村庄总共拥有 210 个诊所。而大约 37% 的被调查村庄拥有一名乡村医生（或保健助理），348 个被调查村总共拥有 160 名乡村医生（或保健助理）。这一结果也符合中国经济发展区域不平衡的现实。近一半的被调查村没有乡村诊所，而拥有国家认可资质的乡村医生更少，63% 的被调查村都没有乡村医生或保健助理。这说明我国农村的医疗卫生资源非常匮乏，而且分布不均匀。

三 生活质量

在测量中国农村地区的生活质量过程中，需要考虑到中国农村生活的实际情况。为此，笔者设计了三项与此有关的指标，即是否可以获得电力、干净的饮用水以及电话。[①] 具体说来，笔者用这三项指标来测量中国农村地区的生活质量：（1）被调查村庄里有电力供应的家庭数量；（2）有干净饮用水供应的家庭数量；（3）拥有电话的家庭数量。

生活质量这一变量综合了上述三项指标的分值。笔者认为，通过生活质量这一变量，我们能够获得被调查村庄的基本生活水平的全景。对于第

---

① 中国社会科学院农村发展研究所主编《中国农村经济形势分析与预测（2006－2007）》，社会科学文献出版社，2007。

一项指标而言，所有被调查的村庄都有电力供应，但是，却仍有13%的被调查村庄里只有不超过200户家庭有电力供应。换句话说，在这13%的被调查村庄里，一半左右的家庭依然没有电力供应。对于第二项指标而言，大约有30%的被调查村庄里没有干净的饮用水供应，但是另一方面，在大约25%的被调查村庄里，几乎所有的家庭都有干净的自来水供应。对于第三项指标而言，几乎所有的被调查村庄都有电话，但是在约40%的被调查村庄里，只有不到200户家庭拥有电话。我们的调查结果显示，即使中国的国民生产总值有着较快增长，但是部分农村人口仍然无法享有诸如电力、干净饮用水等基本服务。

四 平均收入

1978年之后的改革给中国农村经济带来了快速增长，也极大地提高了农民的生活水平。这一改善的指标之一就是农村人均收入的增长（见图3-2）。改革开放之前，中国农村地区的人均收入相当低。1978年，农民的年均收入还只有220元。随着经济改革的展开，农民的平均收入得到了快速增长。1984年，农民的平均收入增长至522元，平均每年增长15%。20世纪80年代中期以后，中国农民收入的增长速度放缓，仅仅保持3%的年增长率。然而从1990年开始，农村人口的总体收入又得以快速增长，并在此后的十几年间保持了这种增长态势。如此快速增长的一个原因就是，非农业收入在农村收入中占据了相当大的比例。

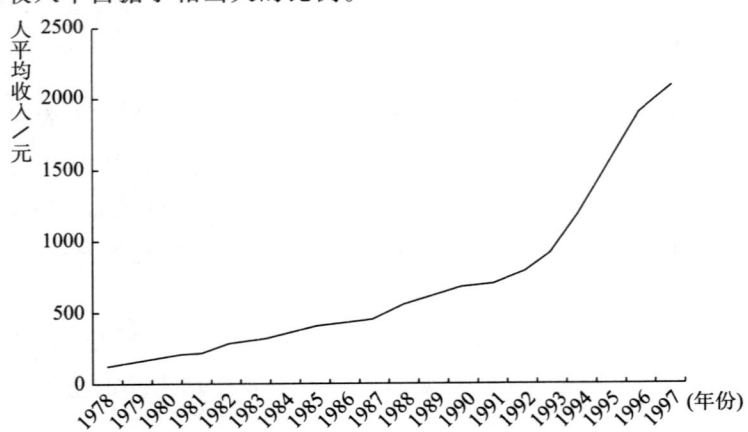

图3-2 农村人均收入的变化

资料来源：《中国农村统计年鉴——2007》，中国统计出版社，2007。

中国农村经济的快速增长较大地改善了农村地区的贫困状况。根据中国官方制定的贫困线，在过去几十年间，中国农村的贫困人口急剧减少，从1978年的2.6亿减少至1984年的1.28亿。① 经过20世纪80年代的徘徊之后，贫困农民的数量在20世纪90年代又开始快速减少。到2000年底，中国农村的贫困人口已经减少到3000万。农民贫困率（农村中的贫困人口比例）也在同时期大幅降低，从1978年的32.9%降低至1984年的15.1%，在2000年时最终降低至3%。

在本书的研究中，平均收入这一变量测量了被调查村庄里农民的平均收入。其中，经济状况最好的村庄是在北京地区，农民的平均收入超过了20000元/年，经济状况最差的村庄是在甘肃省，农民的平均收入不到300元/年。显然，被调查的村庄之间存在着很大的收入差距。这一结果同样证明了中国农村地区发展的不均衡：一些村庄发展得较好，而另一些村庄仍然陷于贫困之中。

五 分析

本研究用来衡量发展绩效的四个方面——工业化、医疗卫生、生活质量以及平均收入——之间是如何相互联系的，这一问题可以通过考量这四项指标的相互关系而得到答案。

如表3-5所示，四个发展指标密切相关，而且四个发展指标之间的相关性都是显著的，相关关系的值都超过了0.54。此外，笔者在这四项指标之间进行了因子分析（factor analysis）。因子分析的结果显示，在这四个指标中，存在一个潜在性的共同因子，这一共同因子能够解释四个指标68%的差异（variance）（见表3-6）。基于相互关系的分析与因子分析的结果，笔者可以推断，这四项指标之间存在高度的一致性。换句话说，对于这些指标，一个村庄如果在一项指标上得分较高，那么，它在其余发展指标上的得分也会比较高。同样的，一个村庄如果有一项指标得分较低，那么，它在其他发展指标上的得分也会比较低。总之，一个村庄要么在四个发展指标上得分都较高，要么得分都较低。考虑到四个指标之间的相关性，我们可以综合这些指标形成一个指数，用于测量中国农村地区社会经济的发展状况。

---

① 《中国农村住户调查年鉴——2007》，中国统计出版社，2007。

表 3-5　四项发展指标：相互关系

	工业化	医疗卫生	生活质量	平均收入
工业化	1.00	0.74**	0.65**	0.77**
医疗卫生		1.00	0.60**	0.54**
生活质量			1.00	0.84**
平均收入				1.00

注：1. ** $p < 0.01$。
2. 为了测量标准的一致性，四个原始指标经过笔者的重新调节。

表 3-6　发展绩效：因子分析

变量	发展绩效指数
工业化	0.78
医疗卫生	0.68
生活质量	0.84
平均收入	0.73

注：提取法：主成分因子分析。
1. 只有一个因子提取出来。
2. 特征值（eigen value）= 2.76；能够被解释的方差的百分比（% of Variance）= 68。

自 1978 年的农村经济改革以来，我国农村地区社会经济的发展历程也说明了这四项指标之间的相互关系。正如上文所说，农村企业的发展，包括集体所有制乡镇企业以及民营乡镇企业的发展，是 20 世纪 90 年代农村收入快速增长的一个重要原因。同时，人民公社解体后，村庄不得不支撑起集体医疗保障制度，所需要的资金要么通过向农民征收公共基金而获得，要么通过提取乡镇企业的利润而实现。所以，在一些富裕的村庄，村民收入较高，而且乡镇企业发展得也很好，那么这些村庄的集体医疗保障制度的运作就比那些平均收入低、乡镇企业不发达的村庄要好得多。而且，很显然，在富裕的村庄里，村民们更容易得到电力、干净的饮用水和电话的服务。

这四项指标之间联系如此密切，所以为了进一步的分析，它们被综合成一项单一的发展绩效指数。通过加总这四项指标里的每一项分值，笔者创建了一个新的变量：发展绩效指数。每一项发展指标都经过笔者的重新调节，取值在 0 至 1 之间变动；因而每一个指标在发展绩效指数里有着同等的重要性，而最后的发展绩效指数的总分也被转化为 0 至 1 之间的一个值。村庄的发展指数越接近1，其发展绩效就越好；越接近0，则发展绩效越差。348个被调查村庄在这一指数上的平均得分是0.72，标准差是0.33。此外，发展绩效指数与构成它的四个变量（工业化、医疗卫生、生活质量以及平均收入）也密切相关。

第四节 案例分析

为探究影响农村发展绩效的原因，笔者将运用斯图尔特·密尔（Stuart Mill）的求同法（Methods of Agreement）与求异法（Methods of Difference）来对8个典型村庄的田野调查资料进行深度分析。这8个典型村庄分别是：邢庄、凤山、集水、大旺、大溪、武阳、铁乡与燕西。

密尔的求同法与求异法包含两个独立的阶段。在第一阶段，笔者试图"建立几个有着共同特征的案例，在这些案例中寻找有着共同特征的一组原因……就是密尔所说的'求同法'"。[1] 为应用密尔的求同法，本书的案例研究需要找到一些正面的案例，并检测笔者给出的假设性原因是否与这些正面案例相关；同时，这样的案例研究还需要找到一些反面案例，进而检测那些假设性的原因是否也与这些反面案例相关。求同法还有一个附加要求：调查者需要选择这样的案例，即它们在研究背景上的一般特征不同但因变量的取值相似；因此，在不同的案例中，调查者能够观察到原因现象的取值是否与因变量的取值相一致，这些原因现象也许就阐释了因变量产生的原因。[2]

第二阶段的研究牵涉到求异法。根据求异法，调查者需要选择这样的案例，即它们在研究背景上有着相似的一般特征但因变量的取值不同。那么，在这些不同案例中，调查者就能探究原因现象的取值是否与因变量的取值相一致，这些原因现象就有可能是因变量产生的原因。[3]

---

[1] Theda Skocpol, *States and Social Revolutions: A Comparative Analysis of France, Russia and China* (Cambridge: Cambridge University Press, 1979), p. 36.

[2] Stephen Van Evera, *Guide to Methods for Students of Political Science* (Ithaca: Cornell University Press, 1997).

[3] Stephen Van Evera, *Guide to Methods for Students of Political Science* (Ithaca: Cornell University Press, 1997).

一般而言，密尔的求同法与求异法主要有以下三个要求：

1. 如果假设 X 是原因，Y 是结果；那么每当 Y 出现时，X 也应该出现。
2. 当 Y 不出现时，X 也应该不出现。
3. 与替代性假设有关的因素不应该出现；比如，当 Y 出现时，Z 不应该出现。

根据密尔的求同法，8 个典型村庄案例分为两组。一组由正面案例组成，研究的因变量可见且取值很高。另一组则由反面案例组成，它们缺乏研究的因变量或者只有相当少的因变量。在本研究中，研究的因变量就是农村的发展绩效。所以，这 8 个村庄就分成了两组：正面案例（邢庄、凤山、集水和大旺），反面案例（大溪、武阳、铁乡和燕西）。正面案例的一组有一个共同点，即它们的发展绩效指数取值相当高，而且它们有着完全不同的一般性背景特征。反面案例的一组也有一个共同点，即它们的发展绩效指数取值相当低，而且它们也有着完全不同的一般性背景特征。

为了与求异法的要求相一致，这 8 个村庄还被分为四组：第一组（邢庄、大溪），第二组（凤山、武阳），第三组（集水、铁乡），第四组（大旺、燕西）。每一组里的两个村庄都有着相似的一般性背景特征，但是在发展绩效指数取值上却是不同的。

在对这 8 个典型村庄的案例分析中，笔者认为有三个一般性背景特征尤为重要：区域位置、与集镇的距离以及村庄规模。首先，区域位置指的就是村庄的地理位置。我国幅员辽阔，而且经济发展不平衡。南方地区以及东部沿海地区比中国其他地区都要发达。所以，不同的区域位置就可能对村庄发展绩效产生重要的影响。第一组的两个村庄（邢庄、大溪）位于东部地区。第二组的村庄（凤山、武阳）位于西北地区。第三组的村庄，集水与铁乡位于南部地区。第四组的两个村庄，大旺与燕西则位于中部地区（见表 3-7）。

表 3-7 对 8 个典型村庄的描述

	区域位置	与集镇的距离	村庄规模	发展绩效指数
邢庄	东部地区	适中	超大	高
凤山	西北地区	相当远	小	高

续表

	区域位置	与集镇的距离	村庄规模	发展绩效指数
集水	南部地区	相当近	大	高
大旺	中部地区	近	适中	高
大溪	东部地区	适中	超大	低
武阳	西北地区	相当远	小	低
铁乡	南部地区	相当近	大	低
燕西	中部地区	近	适中	低

其次，与集镇的距离就是指村庄与最近的集镇的距离。既有的研究文献认为，与集镇的距离可能对农村发展有着重要影响。① 村庄距集镇越近，它获得发展的机遇与资源就越多。在8个典型案例村庄中，第三组的村庄——集水与铁乡距离其最近的集镇最近；第四组村庄（大旺、燕西）距其最近的集镇较近；第一组村庄——邢庄与大溪与其最近的集镇距离适中；而第二组村庄——凤山与武阳距其最近的集镇最远。

最后，村庄规模是指8个案例村庄的常住人口数量。大的村庄因其人口较多，也就容易从政府那里获得更多的资源与财政补贴。因而，村庄规模对村庄的发展绩效也可能有着重要影响。② 在8个典型案例村庄中，第一组的邢庄与大溪常住人口数量较大；第三组的集水与铁乡的常住人口数量大；第四组的大旺与燕西常住人口数量适中；第二组中凤山与武阳的常住人口数量则较少。

密尔求同法与求异法的第二步是检测不同的假设原因对因变量的影响，主要是观察每个假设性的原因与因变量的一致程度。根据密尔的求同法与求异法，如果假设的原因是某种现象的真实原因，那么，只要结果现象出现，假设的原因就必须出现，如果结果现象不存在，假设的原因也必须不存在。

在本研究中，因变量就是村庄的发展绩效，那么我们首先要观察的结果现象就是好的发展绩效。正如笔者在理论探讨部分所陈述的，根据以往

---

① 王伟等主编《农村经济发展问题研究》，中国农业出版社，2007。黄建宏：《中国农村经济解难》，中国经济出版社，2005。

② 同上。

的研究和中国具体的国情，假设跨越型社会资本会对村庄的发展绩效产生积极的影响。那么根据求同求异法的逻辑，要想成为好的发展绩效的真实原因，假设性原因——跨越型社会资本的存量水平就必须在发展绩效好的村庄中比较高，在发展绩效差的村庄中比较低；并且没有其他因素以同样的方式随发展绩效的好坏而变化。

如前所述，本研究的第二项假设是紧密型社会资本对农村社会经济的发展会产生消极的影响。同样的，为了确认某个假设性原因是村庄发展绩效较差的真实原因，那么，在发展绩效较差的村庄，我们希望发现这一假设性原因，即紧密型社会资本的存量水平比较高。而在发展绩效较好的村庄，我们预期紧密型社会资本的存量比较低，并且不存在其他的因素也以同样的方式随发展绩效的好坏而变化（见表3-8）。

表3-8　密尔的求同法应用于正面案例

	对包容性网络的参与	普遍信任	区域位置	与集镇的距离	村庄规模	发展绩效的指数
邢庄	高	高	东部地区	适中	很大	高
凤山	高	高	西北地区	相当远	小	高
集水	高	高	南部地区	相当近	大	高
大旺	高	高	中部地区	近	适中	高

在应用求同法的第一个阶段，笔者有以下发现。第一，在正面案例的四个村庄中，跨越型社会资本的两个方面——对包容性网络的参与和普遍信任——与好的发展绩效始终正相关。此外，如前所述，正面案例中的四个村庄在三个普遍背景因素——区域位置、与集镇的距离以及村庄规模上有着不同的取值。换而言之，这三个因素无一与好的发展绩效呈现出一致性的共变关系。因此，这些因素——区域位置、与集镇的距离以及村庄规模，不能被视为中国农村地区发展绩效较好的真实原因。这一发现就证明了，对包容性网络的参与和普遍信任才是中国农村地区社会经济快速发展的真实原因。

第二，在四个负面案例村庄中，紧密型社会资本的两个方面——对排外性网络的参与和特殊信任——与较低的发展绩效始终正相关。负面案例中的四个村庄在三个普遍背景因素——区域位置、与集镇的距离以及村庄规模上都有着不同的取值；并且这些因素无一与较差的发展绩效呈现出一致性的共变关系。因此，这三项因素也不能被视为是中国农村地区不发达的真实原因。基于这些发现，笔者认为，对排外性网络的参与以及特殊信任是中国农村地区发展较差的真实原因（见表 3-9）。

表 3-9 密尔的求同法应用于负面案例

	对排外性网络的参与	特殊信任	区域位置	与集镇的距离	村庄规模	发展绩效的指数
大溪	高	高	东部地区	适中	很大	低
武阳	高	高	西北地区	相当远	小	低
铁乡	高	高	南部地区	相当近	大	低
燕西	高	高	中部地区	近	适中	低

在使用求异法的阶段，笔者按照方法论的要求把这 8 个典型村庄分为四组。每组包含两个村庄，它们有着相似的背景特征，但是在发展绩效指数的取值上却不相同。在经过求异法阶段的分析之后，笔者得出下列结论。第一，在每一小组里（第一组、第二组、第三组和第四组），跨越型社会资本的两个方面——对包容性网络的参与以及普遍信任——在发展绩效取值高的时候比较高，在发展绩效取值低的时候比较低。这一发现就符合了密尔的求异法准则，即当 Y 出现时，X 就会出现；当 Y 不出现时，X 也就不出现。

第二，在每一组里（第一组、第二组、第三组和第四组），紧密型社会资本的两个方面——对排外性网络的参与以及特殊信任——在发展绩效取值低的时候比较高，在发展绩效取值高的时候比较低。

第三，在所有的分组里（第一组、第二组、第三组和第四组），上述两种模式都始终存在，但它们在三个普遍背景因素——区域位置、与集镇的距离以及村庄规模上有着不同的取值。这一发现就证明了上述两种模式有着较强的可靠性与代表性，可以跨越不同的村庄背景特征。换而言之，三个普遍背景因素——区域位置、与集镇的距离以及村庄规模不可能是影响村庄发展水平高低的真实原因（见表 3-10）。

表 3-10 密尔的求异法应用于四组村庄

		区域位置	与集镇的距离	村庄规模	跨越型社会资本	紧密型社会资本	发展绩效指数
第一组	邢庄	东部地区	适中	超大	高	低	高
	大溪	东部地区	适中	超大	低	高	低

续表

		区域位置	与集镇的距离	村庄规模	跨越型社会资本	紧密型社会资本	发展绩效指数
第二组	凤山	西北地区	相当远	小	高	低	高
	武阳	西北地区	相当远	小	低	高	低
第三组	集水	南部地区	相当近	大	高	低	高
	铁乡	南部地区	相当近	大	低	高	低
第四组	大旺	中部地区	近	适中	高	低	高
	燕西	中部地区	近	适中	低	高	低

基于应用密尔的求同法与求异法的一些发现，笔者得出了下列结论：首先，对包容性网络的参与以及普遍信任是解释中国农村地区发展绩效较好的真实原因。其次，对排外性网络的参与以及特殊信任则导致了一些村庄的发展绩效较差。为了把这些结论推广到中国农村的其他地区，笔者将对全国性调查中的 348 个村庄进行多变量回归分析。

第五节 多变量回归分析

为了检验两类社会资本对发展绩效的预期影响，笔者建立了一个多元线性回归模型（OLS），旨在控制其他变量的干扰性影响。笔者在多元线性回归模型中包括了四个控制变量：（1）区域位置，该变量测量了被调查村庄所处的区域位置；（2）与集镇的距离，该变量测量了被调查村庄与最近的集镇之间的距离；（3）村庄规模，该变量测量了被调查村庄里的常住人口数量；（4）村庄中正式公民团体的成员数量。正如笔者在第二章所说，基于被调查村庄村民对于健身/运动团体、娱乐/文化团体、宗教组织、专业技能培训组织、公益组织参与度的平均值，笔者将之进行简单相加，形成一个综合指数用以反映每个村庄里村民对正式组织的参与状况。为了考察村民对于正式公民团体的参与是否会影响村庄社会经济的发展，笔者把这一变量也包括进了控制变量。

总之，这一多元回归模型得出的结论支持了笔者的假设——两类社会资本与村庄发展绩效相关（见表 3-11）。首先，表 3-11 中的数据结果明确显示，即便在控制了区域位置、与集镇的距离、村庄规模以及对正式公民团体的参与度之后，跨越型社会资本的主观规范与客观网络——普遍信任以及对包容性网络的参与——对村庄发展绩效都有着显著且积极的影响。换句话说，正如笔者所预期的那样，与缺乏跨越型社会资本的村庄相比，那些拥有丰富存量的跨越型社会资本（也就是，普遍信任与包容性网络）的村庄，在下面四个发展领域如工业化、医疗卫生、生活质量与平均收入上都表现得更好。这些结论与南克和基佛基于跨国数据的研究结果相一致。他们研究的是跨越型社会资本对一个国家经济发展的影响。南克与基佛认为，一个国家的社会信任与公民合作越多，那么，该国的普遍性互惠互利规范就越多，经济发展也就越好。[1]

其次，这一多元回归模型的结果显示，紧密型社会资本的主观规范与客观网络——特殊信任（信任亲戚以及同村中同姓居民）和参与排外性网络——对发展绩效有着很大的、消极的影响。这些结论揭示，特殊信任与排外性网络盛行的村庄往往在四个发展指标如工业化、医疗卫生、生活质量与平均收入上表现较差。这样的结论就佐证了在本章开头所提到的争议性观点，即紧密型社会资本对社会或者社区的经济发展没有积极影响。[2]

最后，本书的多元回归模型所得出的结论显示，上述四项控制变量对村庄社会经济发展的影响并不重要。尤其是，对正式公民团体的密集参与并不会对村庄社会经济发展产生明显的影响。这一结果不同于基于西方社会经验而得出的结论，它证明了对于测量中国农村地区的社会资本而言，衡量对正式公民团体的参与度并不是一个恰当的指标。这主要是由中国的特殊国情所决定的。由于中国农村地区的正式公民团体几乎都是由政府主导的，并且是对上而不对下，对其村民成员利益的有效服务还很缺乏。在中国农村中，几乎每个正式团体都与其业务主管政府机构相联系，同时也是业务主管机构政策的执行者。根据笔者在理论综述中的探讨，以往的研究都表明了垂直型社会网络并不会像水平型网络那样为经济发展带来显著的积极影响。所以中国农村地区的正式公民组织并不能像西方社会的正式公民组织那样有效地促进经济社会的良好发展。

---

[1] Knack and Keefer, "Does Social Capital Have an Economic Payoff? A Cross-Country Investigation."

[2] Beugelsdijk and Smulders, "Social Capital and Growth in European Regions: An Empirical Test."

表 3-11 社会资本的多元线性回归（OLS）与经济发展

	发展绩效指数		
	b	s.e.	beta
跨越型社会资本			
对包容性网络的参与	2.46**	0.95	0.19
普遍信任	0.58**	0.17	0.22
紧密型社会资本			
对排外性网络的参与	-3.14**	0.63	-0.16
特殊信任	-0.73*	0.18	-0.22
控制变量			
对正式公民团体的参与度	0.15	0.14	0.04
村庄规模	0.38	0.41	0.06
与集镇的距离	1.97	1.78	0.08
区位[1]：东部	1.78	1.48	0.06
北部	1.45	0.99	0.04
中部	2.37	1.69	0.01
南部	1.15	0.90	0.07
常数	1.16**	0.41	
R^2		0.38	
Adjusted R^2		0.36	
N		332	

注：b 是指偏回归系数，beta 代表标准回归系数，s.e. 代表标准错误。
* $p<0.05$；** $p<0.01$；1 西北地区被设置为参照组。

第六节　结论

在本章中，笔者讨论了中国农村地区社会经济发展的历史演进。自从 1978 年开始农村改革以来，我国农村地区在诸如农业生产、乡镇企业发展及农民收入等领域取得了重大成就。本章设计了一个发展绩效指数来测量农村的社会经济发展情况，该指数基于四项指标：工业化、医疗卫生、生活质量以及平均收入。总的来说，笔者的研究结果显示，我国农村地区的发展是不平衡的：一些村庄在这四个指标上的得分较高，社会经济发展得较好，而还有一些村庄则在这四个指标上得分较低，仍然处于贫困状态。

此外笔者还假设，两种形态的社会资本在其两个维度上各自以不同方式影响着中国农村地区的社会经济发展。总体上，这个论断已经为基于8个典型村庄的案例研究以及基于全国范围内348个村庄的多元回归分析所证实。笔者的实证研究显示，植根于普遍信任与包容性社会网络的跨越型社会资本对村庄的社会经济发展有着积极影响，这种影响在四个领域中得以验证：工业化、医疗卫生、生活质量及平均收入。紧密型社会资本表现为特殊信任与排外性社会网络，对农村地区的社会经济发展有着消极的影响。此外，笔者还发现对正式公民团体的密集参与并不会对村庄社会经济发展产生显著影响。

这样的发现至少有两个方面的重要含义。首先，本研究的发现佐证了一些早期研究的结论，即不同类型与不同维度的社会资本对社会经济的发展有着不同影响，而不仅仅是简单的积极或消极影响。而且，笔者的发现还证实了，在发展中国家，参与正式团体对于测量社会资本来说并不是一个恰当的指标。在不同的国家与文化里，正式公民团体的性质可能会有所不同，比如在西方社会正式公民团体是水平型网络，而正式公民团体在中国这样的发展中国家则是垂直型网络。由于性质的不同，因而它们的影响也会有所不同。

其次，这一章的现实意义在于，这样的研究结论有助于我国政府为农村社会经济发展制定出更好的政策。本章的实证分析结果显示，农村的社会经济发展或许可以通过沿着两个维度（主观规范与客观网络）增加相应的社会资本而得到较大改善。因为跨越型社会资本对社会经济的发展有着积极影响，所以政府应该采取积极措施，在农村地区鼓励发展独立的包容性网络，并在培养村民间的普遍信任方面出台一些有针对性的政策。

第四章　社会资本和农村基层治理

本章的主要内容是分析不同类型的社会资本对中国农村基层治理的影响。笔者假设作为跨越型社会资本的两个方面的包容性社会网络和普遍信任对农村基层组织（主要是村民委员会）治理有着积极的影响。而作为紧密型社会资本的两个方面的排外性社会网络和特殊性信任则对农村基层组织治理有着负面的影响。

首先，笔者将设计一套相应的指标去衡量农村基层自治组织——村委会的治理绩效。从1978年改革开放以来，中央政府已经在农村地区推行了一系列的机构改革，以提高村委会处理村级事务的效率及村委会对村民要求的响应度。在这项研究中，笔者主要依靠生活在调查村中的农民的评价来衡量村委会的治理绩效。这些评价主要集中在两个方面，一个是村委会对村民要求的响应度，另一个就是村委会执行政策的有效性。此外，笔者也会参考一些来自被调查村干部的主观陈述来衡量村委会的治理。

本书将运用田野调查中八个村庄的数据来研究社会资本和村委会治理绩效的关系。斯图尔特·密尔的求同法与求异法将被再次用来区别哪种类型的社会资本能帮助解释村委会的治理绩效的差异。接着，笔者将运用多元回归分析来检查348个被调查村的数据。案例研究和回归分析都显示跨越型社会资本能提高农村基层自治机构的治理绩效，而紧密型社会资本则会对这些机构的治理产生消极的影响。

第一节　文献回顾和理论探讨

回顾既往的研究，笔者发现很多学者其实都已经注意到了社会资本作为一个独立变量对国家和地方层次的治理会产生显著的影响。普特南等学者指出对民间组织的参与和合作的精神是有效自治的必要条件。① 他们的经验研究表明在社会资本丰富的北部意大利一些地区，人们对地方政府治理的满意度更高，同时在社会资本缺乏的南部意大利，人们对他们的地方政府有更多的不满。②

此外，普特南还进一步解释了社会资本是通过怎样的渠道来影响地方治理的。他指出，对民间组织的参与——作为社会资本的重要组成部分，"教会了这些组织的成员合作、团结的公共精神"。③ 民间组织的成员共同分享一种对集体事业的责任感。同时，普特南还强调了跨越型社会资本的重要作用。④ 这些交叉的集团有着多种多样的目标和成员。由于在集体中的互动以及相互的压力，属于这些集团的人们更倾向于采取一种中庸的态度，而这种态度对地方治理有着积极的影响。普特南相信民间组织的庞大网络能帮助促进社会合作，从而为有效的民主治理做出贡献。

普特南同时也指出，可以通过公民对政府的需求和贡献这两个方面来分析民间组织的参与对民主治理的影响。从对政府的需求方面来看，参与民间组织的公民对政府治理有着更高的预期。他们会通过组织集体行动，比如投票、请愿和院外游说来表达自己的利益诉求，监督政府的治理行为。这些积极参与合作和集体行动的公民会有效地敦促决策者在政治上负起责任，因为政府官员如果想要避免公开抗议的话，他们必须积极提高政府治理的质量和效率。从对政府的贡献方面看，由于公民社团的参与者可能既包括官员也包括普通公民，那么这些成员共享的社会基础设施和民主价值观念会使得政府更加的有效率。同时，社会资本降低了交易费用并有利于解决集体行动的问题。公民团体的成员之间由于经常互动，所以彼此互相了解，这就会增进人们对团体中的其他成员的信任，并且使人们相信其他成员会珍视自己的信誉。于是在公民团体中培养起来的社会信任就为进一步采取合作行为奠定了道德上的基础。

普特南举了一些例子来说明社会资本是怎样使政府更加有效率的。比如：如果有公民积极去监督警方官员的话，那么警察会破获更多的案件。当邻居和家庭成员为遇到麻烦的父母提供社会支持的时候，儿童福利部门

---

① Robert Putnam, Robert Leonardi, and Raffaella Nanetti, *Making Democracy Work: Civic Traditions in Modern Italy*.
② Ibid.
③ Ibid., p. 89.
④ Putnam, *Bowling Alone: Collapse and Revival of American Community*.

的工作会更加出色,等等。普特南的结论就是,如果能够让社区积极地介入到政府治理当中,政府雇员、官僚、社会工作者、老师、警察等都会有更好的表现,从而提高政府的工作效率。①

普特南在他另外一个研究美国社会资本的实证研究中发现,在市一级,当更多的基层力量参与进来后,政治的腐败得到了一定的控制而且联邦资金在这些城市得到更公平的分配。社区组织的机构化帮助这些城市更有效地通过当地居民想要的议案,而政府也得到了更高程度的支持和信任。拥有丰富社会资本的国家在公共政策上显得更有创造性,并且在招聘政府雇员的时候更注重运用竞争考核的择优制度。这些国家的政府腐败问题更少并更专注于社会和教育服务。普特南总结道,在社会资本丰富的国家,政府更加有效和更有创造力。②

西莫纳·皮亚托尼同样关注对政府治理的需求。他指出,参加公民团体的人更愿意信任其他人并且更容易合作。他们了解政府运行的基本规则,因此对糟糕的治理特别敏感。一旦他们发现存在政府的低效和权力滥用,他们可以很容易地组织集体抗议。同时由于公民团员的成员长期受到自我管理的训练,所以如果政府官员失职的话,那么很容易从这些公民团体的参与者中选出合格的人来代替原先的政府官员。③

阿尔蒙德和维巴最早揭示了社会资本在有效治理方面的积极作用。他们主持了一项跨越五个国家(西德、意大利、墨西哥、英国和美国)的民意调查研究,目的是找出那些有益于民主的公民特征。他们的一个重要发现就是人际间的相互信任有助于建立稳定的民主。他们的研究表明美国和英国的公民——这两个国家都有稳定民主的悠久历史——相对于接受调查的西德、意大利和墨西哥的公民,表现出更高程度的人际间信任。基于他们的研究发现,阿尔蒙德和维巴认为公民文化对于有效的民主是非常必要的。④

---

① Putnam, *Bowling Alone: Collapse and Revival of American Community*, p. 346.
② Ibid., p. 347.
③ Simona Piattoni, Can Politics Create Community? Evidence from the Italian South (Paper Presented at the Meeting of the American Political Science Association, Boston, September 3 – 6, 1998), p. 1.
④ Gabriel Almond and Sidney Verba, *The Civic Culture: Political Attitudes and Democracy in Five Nations* (Princeton: Princeton University Press, 1963).

英格尔哈特把社会资本定义为"一种信任和宽容的文化"。① 他详细地解释了政治文化和民主之间的因果关系。在英格尔哈特看来,文化先于制度而存在,"稳定的民主依赖于深深植根于公众中的合法性意识"。② 比如,英格尔哈特和威尔泽尔曾经进行过一次跨国的统计研究,这一研究表明政治文化在民主中扮演了一个非常重要的角色。③ 为了衡量政治文化,他们用了一个广泛的文化指标,包括人际间的信任、对其他团体的宽容、后物质主义的价值观、政治激进主义和主观的幸福感。他们的结论是从长期来看,民主不是仅仅依靠制度变迁和精英阶层的操纵来获得。民主的生存也依靠政治文化,构成这种文化的主要部分就是人际间信任。

基于以上关于社会资本的文献综述,笔者将试图总结社会资本是通过怎样的机制来在各个层次上影响政府治理的。首先,社会资本改善并扩大了政府的责任制。④ 如果政府官员或官僚参与公民活动的话,他们会定期地和公民组织的成员平等地互动,因此他们更加在意自己在这些人中的声誉。⑤ 更为重要的是,社会资本帮助人们采取集体行动去表达他们的利益并监督政府官员的表现。⑥ 根据社会资本的理论,当人们身处一个稠密的社会网络中时,他们拥有普遍互惠的信条而且有更高程度的人际间信任。所以,他们更有可能有效地自我组织并采取集体行动去监督政府,对官员

---

① Inglehart, *Modernization and Postmodernization: Cultural, Economic and Political Change in 43 Societies* (Princeton: Princeton University Press, 1997), p. 188.
② Ibid., p. 206.
③ Ronald Inglehart and Christian Welzel, "Political Culture and Democracy," in Howard J. Wiarda, eds., *New Directions in Comparative Politics* 3rd Edition (Boulder, CO: Westview Press, 2002), pp. 141 – 164.
④ Marion Ritchey-Vance, *Social Capital, Sustainability and Working Democracy: New Yardsticks for Grassroots Development* (Arlington, VA: Inter-American Foundation, 1996); Tom W. Rice, "Social Capital and Government Performance in Iowa Communities," *Journal of Urban Affairs* 43, no. 3 – 4 (2001): 375 – 389; Kent E. Portney and Jeffrey M. Berry, "Mobilizing Minority Communities: Social Capital and Participation in Urban Neighborhoods," *American Behavioral Scientist* 40, no. 5 (1997): 632 – 644.
⑤ Joe Wallis and Brian Dollery, "Social Capital and Local Government Capacity," *Australian Journal of Public Administration* 61, no. 3 (2002): 76 – 85.
⑥ Theda Skocpol, "From Membership to Advocacy," in Robert Putnam, eds., *Democracies in Flux: The Evolution of Social Capital in Contemporary Society* (New York: Oxford University Press, 2002), pp. 103 – 135.

的不称职和渎职提出抗议,向政府提出他们社区的利益诉求。① 这些行动被视为公共产品,因为人们不可能被排除在享受这些产品的福利之外。所以从这个角度来看,社会资本能够帮助公民克服集体行动的问题并为他们的社区提供公共产品。②

此外,普特南等学者还指出,在社会信任和公民文化较少的南部意大利的一些地区,公民主动与政府的接触更倾向于表达个人关注的一些较狭窄的利益诉求,但在社会信任和公民文化更丰富的意大利北方地区,这种公民与政府的主动接触更多地关系到整个地区的社会福利。③ 总之,就像斯蒂芬·科纳克总结的那样,"在一个国家,如果它的公民遵守普遍互惠互助的原则,并且人际间信任度较高,这样搭便车行为就会较少。同时,互利互惠和人际间信任还可以影响政治参与的程度和特征,减少寻租行为,并通过涉及公共利益的行为来改善政府的表现。"④

其次,"由于政治极化往往产生僵局,社会资本可以降低这种情况带来的低效率,从而具有改善政府治理表现的潜力。"⑤ 保证这一机制有效的前提条件是,社会资本由这个社区和它的官僚精英所共有。在这样的情况下,较高水平的社会资本就会像帮助公民一起合作来表达自己的需要一样来帮助这些官僚一起合作,从而履行他们的职责。⑥ 最终,官僚机构间的更好的合作会提高政府内部运行的效率。⑦

---

① Wallis and Dollery, "Social Capital and Local Government Capacity;" Hall, "Social Capital in Britain;" Robert W. Jackman and Ross A. Miller, "Social Capital and Politics," *Annual Review of Political Science* 1 (1998): 47 – 73; Mark Schneider, Paul Teske, Melissa Marschall, Michael Mintrom, and Christine Roch, "Institutional Arrangements and the Creation of Social Capital: The Effects of Public School Choice," *American Political Science Review* 91, no. 1 (1997): 82 – 93.

② Eric Uslaner, "Democracy and Social Capital," in Mark Warren, eds., *Democracy and Trust* (Cambridge: Cambridge University Press, 1999), pp. 121 – 150.

③ Robert Putnam, Robert Leonardi, and Raffaella Nanetti, *Making Democracy Work: Civic Traditions in Modern Italy*.

④ Knack, "Social Capital and the Quality of Government: Evidence from the States."

⑤ Ibid., p. 774.

⑥ Boix and Posner, "Social Capital: Explaining Its Origins and Effects on Government Performance."

⑦ Margit Tavits, "Making Democracy Work More? Exploring the Linkage between Social Capital and Government Performance," *Political Research Quarterly* 59, no. 2 (2006): 211 – 225; Victor Perez-Diaz, "From Civil War to Civil Society: Social Capital in Spain from the 1930s to the 1990s," in Robert Putnam, eds., *Democracies in Flux: The Evolution of Social Capital in Contemporary Society*, pp. 245 – 287.

尽管有很多文献都探讨了社会资本对政府治理的作用，但是大多数文献并没有对社会资本加以区分，社会资本理论家们并没有就不同类型的社会资本对治理有怎样的影响达成一致意见。① 如前所述，社会资本包括两种类型：跨越型社会资本和紧密型社会资本。跨越型社会资本包括一系列主观的规则和客观网络，比如普遍信任和包容性社会网络，这种网络将不同社会背景、经济状况、职业甚至不同政治背景的人联系在一起。紧密型社会资本则由一些主观价值观念和客观网络组成，比如特殊信任和排他性社会网络，这种网络把具有相同经济、政治或人口特征（比如阶级、职业、民族、血统或宗教）的人联系在一起。

一些学者建议这两种社会资本应该被看做社会资本必要的和主要的两个部分。在这两种社会资本中保持适当的平衡可以为国家和地方政府的治理产生积极的影响。比如，普特南等学者在研究意大利民主的时候就设计了混合跨越型和紧密型社会资本的各种元素的一个衡量社会资本的综合指标。②

有些学者反对这种观点。如威廉·卡拉汉指出，"学者们必须要研究社会资本的质量，以及每个社会网络区分其集团内部外部界限的道德含义，"只有这样才能区分不同种类的社会资本。此外，学者们还必须进行比较研究，并探究"文明的社会资本是怎样与不文明的社会资本比如腐败、种族主义、宗派主义互动的"。③ 白鲁恂也曾指出，"当社会资本是积极的和建设性的，它会在地方和全国的层次产生稳定的机制，在这一机制中各行各业的精英会为了共同的福祉一起工作。当这些网络是消极的，结果就会产生一个腐败的充满幕后交易的政府，在一些极端情况下会发展成黑社会统治。"④ 以弗朗西斯·福山为代表的一些学者也认为紧密型社会资

---

① Scott L. McLean, David A. Schultz, and Manfred B. Steger, *Social Capital: Critical Perspectives on Community and "Bowling Alone"* (New York: New York University Press, 2002).

② Robert Putnam, Robert Leonardi, and Raffaella Nanetti, *Making Democracy Work: Civic Traditions in Modern Italy*.

③ William A. Callahan, "Social Capital and Corruption: Vote Buying and the Politics of Reform in Thailand," *Perspectives on Politics* 3, no. 3 (2005): 495.

④ Lucian W. Pye, "Civility, Social Capital, and Civil Society: Three Powerful Concepts for Explaining Asia," *Journal of Interdisciplinary History* 29, no. 4 (1999): 769.

本对地方和中央政府的治理有着消极的影响。① 克纳克和尤斯雷纳指出只有跨越型社会资本才能提高各级政府的治理能力。紧密型社会资本对政府治理没有什么影响。②

另外，还有一些学者认为当紧密型社会资本——特别是排外性社会网络——和地方政府的行政边界重合时，这些排外性的网络也会对地方治理起到积极的作用，比如更加有效地提供公共产品。③

简而言之，研究不同类型的社会资本对地方和中央政府治理的影响是一个特别重要的理论问题，同时也关系到公共政策的制定。但从既有的文献来看，对这一问题的答案目前学术界还没有达成共识。本项研究的意图就是为这一领域的学术讨论做出贡献，笔者在研究中力图探讨两种不同类型的社会资本对村委会，这一中国农村地区最基层的自治机构的治理绩效的影响。

下文中笔者将为更好地理解村委会的主要功能提供一个大致的背景介绍，其中重点是要回顾中国农村地区治理结构的演变过程。在这一回顾的基础上，设计一个多维度的指标去衡量村委会治理的有效性和它们的负责程度。

第二节　农村基层治理制度的演变

在封建社会，农村是组成中国社会的主要部分，村庄是容纳中国绝大多数的人口的一个基本的组织形式。④ 中国封建社会的权力结构中心是皇权。从皇权以下，权力被委托给一个有着严密层级关系的官僚机构。权力

---

① Francis Fukuyama, "Social Capital and Development: The Coming Agenda," *SAIS Review* 22, no. 1 (2002): 23 – 37; Sonja Zmerli, "Applying the Concepts of Bonding and Bridging Social Capital to Empirical Research," *European Political Science* 2, no. 3 (2003): 68 – 75; Michael W. Foley and Bob Edwards, "The Paradox of Civil Society," *Journal of Democracy* 7, no. 3 (1996): 38 – 52; Ronald C. Nyhan, "Changing the Paradigm: Trust and Its Role in Public Sector Organizations," *The American Review of Public Administration* 30, no. 1 (2000): 87 – 109.

② Knack, "Social Capital and the Quality of Government: Evidence from the States;" Uslaner, *The Moral Foundations of Trust.*

③ Tsai, "Solidary Groups, Informal Accountability, and Local Public Goods Provision in Rural China."

④ Kung-chua Hsiao, *Rural China: Imperial Control in the Nineteenth Century* (London: University of Washington Press, 1967).

的分配就像一个辐轴,从位于中心的首都向地方政府辐射开来。这种高度集权化的封建系统通过地方政府来统治广大的农村社会。这些地方政府作为中央政府的代理,实际上被绝对皇权牢牢地控制。① 在封建社会,县是最低一级的地方政府。尽管县以下就没有中央政权任命的官员了,但是封建社会的统治者还是在县以下的级别创造出一些半官方的或次行政化的分支机构来加强对农村社会的管理和控制。比如,保甲制度的创立就是为了维持农村社会的治安,而里甲制度则是为了方便征集赋税。② 镇则是连接国家和村庄的中间机构。农村社区的组织和领导通常都掌握在富农和乡绅的手中。一般情况下,县一级的政府只能通过镇一级的当地领袖来施加影响。这些当地领袖的影响范围扩及很多村庄,他们是国家权力和村庄领导的关键性的中间环节。在这个层次,当地的乡绅扮演了一个关键性的角色。③

封建国家在乡绅阶层帮助下统治着广大的农村地区。乡绅阶层的势力范围处于县以下和村以上,他们在国家和农村社区之间起着关键的承接作用。④ 他们为农村治理充当领导,并且有权决定农村生活的组织形式和方向。乡绅阶层控制着农村的行政架构,并扮演着重要的经济角色,同时他们还和封建国家的官员保持着良好和紧密的关系。乡绅拥有土地,他们同时也承担收税的任务,并充当这片土地的保护者。组成乡绅的有当地乡村的地主、读书人、小吏,他们成为沟通城市和农村的主导阶层。⑤ 因此,乡绅有能力在有效地组织农村地区的生产生活的同时维持这些地区的社会秩序。

在中国封建社会,村庄是统治农村的最基础的单位。但是,村庄的日常事务是由非正式的社会组织,比如,宗族、家庭,而不是由正式组织来管理的。宗族在组织社区生活和村庄政治方面扮演了关键性的角色,并且

---

① Gongquan Xiao: *Rural China: Imperial Control in the Nineteenth Century* (Seattle: University of Washington Press, 1960).
② Hsiao-tung Fei, *China's Gentry: Essays in Rural-Urban Relations* (Chicago: University of Chicago Press, 1972).
③ Philip Huang, *The Peasant Economy and Social Change in North China* (Stanford: Stanford University Press, 1985); Fei, *China's Gentry: Essays in Rural-Urban Relations*.
④ Paul Chao, *Chinese Kinship* (London: Kegan Paul International, 1983).
⑤ Vivienne Shue, *The Reach of the State, Sketches of the Chinese Body Politic* (Stanford: Stanford University Press, 1988).

总是处于乡绅的控制之下。乡绅也利用宗族组织去维护他们的利益并保持村庄稳定的社会秩序。因此，这种乡绅管理下的宗族组织成为了中国封建社会农村地区统治的核心特征。

这种村-镇-县的结构成为农村治理的行政等级和社会控制的特征。一方面，国家最低一级的分支机构就是县一级。另一方面，中国社会包含着大量的村庄，而它的大部分农民都居住在村庄。中国的国家和社会是被一些非正式的组织所联系起来的。这些组织的提供者就是居住在镇上的乡绅。即使面临着国家权力渗透的越来越大的压力，中国农民与他们村庄外的世界几乎仍然没有联系。村庄的事务主要由宗族的领袖来处理，而这些人更愿意站在地方乡绅和自己的社区一边，而不是向着国家。于是，村庄就变成了一个个原子式的、相互隔绝的社区。[1]

近代中国乡村治理的改革源自于清朝末期的新政时期。[2] 在1908年12月27日，清政府颁布了《镇一级的地方自治条例》和《地方自治选举条例》，其中规定所有的镇都必须建立咨政委员会，作为地方自治的管理机关。镇咨政委员会的成员由当地居民选举产生。这些条款非常清楚地规定地方自治主要管理地方公共事务，并要协助官方的行政管理。但是，晚清政府没有能贯彻它的新政。1912年中华民国代替了清政府。新政给民国政府留下的遗产是国家权力渗透到了镇这一层次。中华民国继续了地方治理的改革并试图将所有的农村社会都囊括进与国家的正式关系之中。

中华民国成立以后，国家权力完全渗透到了镇的层次。根据南京国民政府颁布的《县级组织法》，每个县都被分为几个区。民国政府将这些行政区作为最基层的政府组织，每个区都包括一些镇。区政府的建立是这一阶段南京国民政府最显著的成就。行政区有着广泛的行政功能，其中最重要的功能就是管理税收。根据《县级组织法》，区的领导必须公开选举产生。此外，其中一名区政府的领导必须负责农村地方自治事务的管理。在区一级以下，镇长和副镇长都必须由镇的居民会议选举产生。[3] 南京国民

---

[1] Vivienne Shue, *The Reach of the State, Sketches of the Chinese Body Politic* (Stanford: Stanford University Press, 1988).

[2] Frederic Jr. Wakeman and Carolyn Grant, *Conflict and Control in Late Imperial China* (Berkeley: University of California Press, 1976).

[3] Prasenjit Duara, *Culture, Power, and the State: Rural North China, 1900 – 1942* (Stanford: Stanford University Press, 1988).

政府极大地扩充了自己的权力和县政府的机构。这些县一级的政府负责为镇提供军事力量、现代警察力量和学校。结果就是,县政府扩大了自己的政治功能,把权力的触角伸得更长,从地方上汲取得更多。①

然而,这种机构设置仅仅是一种法律上的形式。机构改革在每个地方都有不同的形式,最终由于日本入侵带来的战争动乱而在大多数地方失败。即使国民党政府本意是希望将自己的权力渗透到广大的农村社区,但是它的执政党——国民党——在农村的基层并没有什么影响力。由于缺乏财政资源,国民党领导下的地方组织,比如县和区的农民协会以及妇女协会,几乎无法开展活动并且对农村社区毫无影响力。② 尽管自 20 世纪 20 年代以来,南京政府对村庄事务已经有了更大的影响和更多的控制,但是村庄的治理仍然掌握在当地传统的农村精英(富农和乡绅)手中。总体而言,国民党政府的权力并没有在农村扎根。与国民党政府相比,中国共产党在建立基层农村组织和扩大农村地区的影响力方面做得相当成功。这极大地提高了他们在农村人口中的受欢迎程度,并成为中国革命的一个关键性因素。③

1949 年中华人民共和国成立以后,中央政府在农村地区开始了社会主义集体化运动。这一运动的结果就是人民公社的建立。总体上看,人民公社体系彻底地改变了传统农村治理的形式。公社系统的发展是与建立党和农民的新型关系紧密联系在一起的。1957 年初,毛泽东的秘书陈伯达,提出了在农村地区将行政管理和经济管理合二为一的想法。1958 年春,毛泽东提出将农业、工业、商业、教育和军事都结合在一个组织之下,并认为这样的一种结合将成为共产主义的初级阶段。1958 年 4 月,中央政府决定开始在农村地区建立人民公社。不到两个月的时间,26425 个公社已经建立起来,其中包括了 1.22 亿农村家庭。④

人民公社有三个层次的管理体系。公社是最高一级的。大队居于中间,生产小组则是最小和最低一级的生产单位。公社的大小和传统的镇的

---

① John P. Burns, *Political Participation in Rural China* (Berkeley: University of California Press, 1988).
② Lucien Bianco and Muriel Bell, *Origins of the Chinese Revolution, 1915-1949* (Stanford: Stanford University Press, 1971).
③ Franz Schurmann, *Ideology and Organization in Communist China* (Berkeley: University of California Press, 1968).
④ 陈大斌:《从合作化到公社化:中国农村的集体化时代》,新华出版社,2011。

大小差不多，有些公社则有合并起来的几个镇那么大。生产大队的规模则和传统的村相近。

集体化和公社系统的建立彻底消除了传统农村精英（富农和乡绅）赖以存在的道德的、政治的和经济的基础。中央政府现在招募并任命了新的领导——农村干部——来从事农村的治理。这些农村干部由党来挑选，因为他们必须符合特定的条件：比如出身要好，大多数农村干部来自贫农和中农；他们必须对社会主义改造持积极的态度；他们必须服从党的领导。① 但是，公社干部和大队与小组干部还是有很大的不同。公社干部是属于国家编制的，而大队和小组干部则不是国家编制。

由于农村干部的权力是来自于中央政府，所以这些干部的合法性极大地依赖于国家。并且，中央政府也依赖于这些农村干部去汲取农业剩余和保持农村地区的社会秩序。所以，在改革开放以前，这些农村干部是农业税收链条最底端也是最重要的环节。他们还要保证完成国家采购部门的商品定额计划，并且承担所有行政部门在农村地区的派出机构分配的任务。② 此外，这些农村干部也组织地方民兵、开展大规模的政治运动、召开批评与自我批评的会议、对不守纪律的人进行规劝。很多村里的基本社会控制的方法都由农村干部去执行。③ 总之，在这些新的农村干部的帮助下，中央政府成功地将自己的权力渗透到了广大农村地区的每一个角落，并在这一地区建立起了一种新的统治形式。这种统治形式加强了中央政府对农村发展的控制能力。

1978 年改革开放以来，中央政府切实采取了一系列措施在农村地区建立一种新的自治系统，并使基层农村治理体系的调整适应改革开放以来的社会变化。这一阶段农村治理改革的主要特征是国家权力的后撤和自治权力的回归。这一自治系统的保障就是村委会的建立。

人民公社制度解体以后，农村社会出现了权力真空，大量的社会问题开始涌现。镇政府代替公社成为了最低一级的政府机构。但是作为镇政府下级的生产大队和生产小组没有办法正常地履行自己的职责。到了 20 世纪 80 年代末，广西壮族自治区的农民成立了一个全新的机构——村委会——

---

① Shue, *The Reach of the State, Sketches of the Chinese Body Politic*, p. 106.
② Ibid., p. 107.
③ Ibid., p. 107.

来代替大队和生产小组。后来,广西的经验被推广到全国,并推动了全国性的农村治理的改革。一种新的政治治理体系不久就在所有中国农村社区建立起来。而这种农村自治体系的核心——村委会——则通过政府自上而下的努力得到推广。

中华人民共和国 1982 年宪法明确规定,村委会是农村自治的基本形式。1987 年,中央人民政府颁布了《村委会组织法》(试行),并且于 1998 年正式修订了这部法律,正式命名为《中华人民共和国村民委员会组织法》(以下简称《组织法》)。根据《组织法》,"村委会是自治的最基层的单位,村民通过村委会自我管理、自我教育、自我服务。村委会必须管理村里的公共事务和公共保障服务,调节村民的纠纷、维持公共秩序、向人民政府传达村民的意见和要求并向上级政府提供咨询建议。"① 此外,中国共产党中央委员会和中央办公厅发布了一系列改善农村自治和加强农村基层民主建设的文件。由此我们可以看出村委会的建设主要是通过自上而下的推动。很明显,政府在其中扮演了一个关键性的角色。

根据《组织法》,村委会成员是农村治理的主要领导者,并且必须由村民直接选举产生。但是,在实践中,村委会成员的选举往往是在特定机构的领导下进行的,比如镇的选举监督委员会。在大多数情况下,镇党委和政府可以遵循法律程序,通过影响选举过程和候选人名单来将自己选定的候选人安排到公开选举的村委会中。② 随着农村基层民主的扩展,镇政府发现控制村委会的选举变得日益困难。但是,镇政府仍然对农村自治有很大的影响力。比如,在实践中,由镇政府直接派出党和政府的官员到村里参加村的管理是很普遍的。这些镇政府派出的干部通常被称为驻村干部。他们通常负责管理实际的村庄事务。

在新的基层自治系统,村民大会和村民代表大会是村庄事务的决策机构。根据《组织法》,村民大会是村的最高决策机构,它包括村里年满 18 岁的所有成年村民。此外,《组织法》也规定,"在人口多的村或者人口分散的村,可以推荐选举出村民代表大会,村委会和村民代表大会举行会议

---

① 参见 1998 年全国人大通过的《中华人民共和国村民委员会组织法》。
② 约翰·肯尼迪在他的调查研究中还分析了镇党委和政府对村委会选举控制的影响,参见 John James Kennedy, "The Face of 'Grassroots Democracy' in Rural China: Real Versus Cosmetic Elections," *Asian Survey* 42, no. 3 (2002): 456–482。

并讨论决定经村民大会授权的事务。"① 村民代表大会和村民大会每年至少召开一次会议讨论如下的事务：①收取"五统"（这是专门用于教育、计生、民兵、退伍军人和道路建设的资金）以及"三提"（包括集体产业、社会保障和干部的津贴）；②村办集体企业利润的使用和分配；③利用"五统""三提"的资金修建村里公共设施的计划，比如，学校、道路。④关于村集体经济的规划；⑤土地分配；⑥其他关系到大多数村民的事务。经村民代表大会和村民大会研究决定后，这些具体事务将由村里的领导——村委会来贯彻执行。

为了解决农民的负担问题，从20世纪90年代起，中央政府开始推行费改税的改革。这项改革的目的是废除"五统""三提"，并逐步降低农业税。截至2006年，农业税彻底从中国消失。这项改革的结果就是农村社区不再依赖于"五统""三提"来筹集公共项目的资金。中央政府设计了一个称为"一事一议"的体系。根据这个新的体系，村里公共资金的筹集必须取得村民大会和村民代表大会同意。在实践中，村民大会和村民代表大会必须讨论和决定建设公共工程比如学校和道路的提案。当提案通过以后，村民大会和村民代表大会授权村委会向村民筹集资金。资金筹集的最高上限是每位村民20元。此外，中央政府还承诺要运用财政转移来补贴"一事一议"系统。当村民大会或村民代表大会批准了公共工程的项目之后，这一项目计划将被送到镇和县一级的政府。然后镇和县一级的政府会审议这一计划并运用中央政府的财政转移资金来补贴这一计划。②

在费改税改革之前，村委会可以通过"五统""三提"来筹集建设公共工程的资金。③ 在废除了农业税之后，村委会不能再直接从村民处筹集资金来支持类似的项目。为公共工程建设的项目筹资必须通过村民大会和村民代表大会的批准。如果没有得到这两个机构的批准，那么村委会就没有资金来进行公共工程的建设。所以，费改税的改革实际上突出了村民大会和村民代表大会的重要作用。

然而在实际中，中国农村的权力分配有很大的不同。《组织法》明确

---

① 参见1998年全国人大通过的《中华人民共和国村民委员会组织法》。
② Su Fubing, and Dali Yang, "Elections, Governance, and Accountability in Rural China," *Asian Perspective* 29, no. 4 (2005): 125 – 157.
③ Thomas P. Bernstein and Xiao bo Lü, *Taxation without Representation in Contemporary Rural China* (Cambridge: Cambridge University Press, 2003).

第四章　社会资本和农村基层治理

规定了中国共产党各分支机构在当前农村地区自治机构中的领导地位：

> 根据党章，中国共产党的农村基层组织扮演着领导核心的作用。党的基层组织支持和保障宪法和国家其他法律所赋予的村民的自治活动，并直接行使民主的权力。①

在这样的权力安排下，村庄的最高决策权就很少掌握在村民大会和村民代表大会手中。在有的村子，村委会成为最高决策机构。而在某些村子，党的分支机构很活跃并得到镇和县政府的支持，像这样的村子，村党委就成了最高决策机构。还有一些村子则由村委会和村党委共同执掌最高权力。

这样的组织架构使得农村自治机构之间的关系非常复杂。根据《组织法》，村民大会和村民代表大会是村的最高权威，但是由于它们的选举要受到村党委和村委会的影响，所以在很多情况下它们并不是很有效。在一些村子，村党委或者村党委和村委会的联合会议是村里事务的实际决策者。村党委是在镇党委的领导下选举出来的，或者在某些情况下，是在上一级党委的直接组织之下选举出来的。而且，在大多数情况下，党委书记要比选举产生的村委会领导更有权力。② 由于党委在自治机构中扮演着一个非常重要的角色，所以对党委进行民主选举的呼声也很高。

总体而言，很多学者认为当前的农村自治体系在某种程度上给农村地区的政治生活带来了一定的自由。这样的效果主要是通过一些措施，比如"半民主的"选举及村民代表大会和村民大会的建立来实现的。③ 但是也有学者坚持认为这样一种基层政治体系最多只能被认为是半民主的。这是由于村委会和村党委的选举是半民主的，并且这样的选举还受到镇和县一级

---

① 参见 1998 年全国人大通过的《中华人民共和国村民委员会组织法》。
② Zhenglin Guo and Thomas P. Bernstein, "The Impact of Elections on the Villages Structure of Power: The Relations between the Village Committees and the Party Branches," *Journal of Contemporary China* 13 (2004): 257 - 275.
③ Kevin J. O'Brien and Lianjiang Li, "Accommodating 'Democracy' in a One-Party State: Introducing Village Elections in China," *China Quarterly* 162 (2000): 465 - 489; Melanie Manion, "The Electoral Connection in the Chinese Countryside," *American Political Science Review* 90 (1996): 736 - 748; M. KentJennings, "Political Participation in the Chinese Countryside," *American Political Science Review* 91 (1997): 361 - 372; Yang Zhong and Jie Chen, "To Vote or Not to Vote: An Analysis of Peasants' Participation in Chinese Village Elections," *Comparative Political Studies* 35 (2002): 686 - 712; Jie Chen and Peng Deng, *China since Culture Revolution: From Totalitarianism to Authoritarianism* (Westport, Conn.: Praeger, 1995).

政府的影响。①

第三节 治理表现的测量

普特南等学者根据对意大利地方政府的经验研究，认为一个代议制政府的表现可以用以下两个维度的指标来衡量，即"它对选民要求是怎样回应的"以及"它在处理公共事务方面的有效性"。② 正如笔者所讨论的，中国政府对农村地区的基层自治体系也提出了相似的要求，并用这两个方面的评判标准来衡量它们的治理表现，比如，中央政府号召基层的代议制治理机构（如村委会）去有效地处理村里的事务并积极响应村里农民们的要求。因此，在这一研究中笔者将采取普特南设计的这两个维度去测量中国农村地区基层自治机构的治理表现。具体来说，这两个维度的指标包括村委会对选民要求的响应程度和村委会处理村里事务的有效性。

作为农村自治体系的核心机构，村委会应该是村民的代表，需要得到村民的普遍支持才能成立。根据《组织法》，村委会"是行政自治的基层群众组织，村民通过村委会管理他们的事务，学习管理技能并满足他们的要求"。③ 因此，笔者将农民对村委会的主观评价作为一个重要的指标，来衡量该村的基层自治机构对农民要求的响应程度。

同时为了衡量村庄治理的有效性，笔者将借鉴史蒂芬·科纳克在其对美国州政府的研究中所采用的方法。科纳克主要关注的重点在于社会资本对美国州政府的服务质量的影响，并且他设计了一个主观的基于五个维度的综合指标去衡量州政府的总体表现。这五个维度包括：金融管理、资本管理、人力资源、结果控制和信息科技。科纳克的研究资料来源包括："49个州政府针对一项问卷调查提供的详细信息（不包括加利福利亚），

---

① Chen, "Popular Support for Village Self-Government in China: Intensity and Source;" Daniel Kelliher, "The Chinese Debate overVillage Self-Government," *China Journal* 37 (1997): 63 – 86; Robert A. Pastor and Qingshan Tan, "The Meaning of China's Village Elections," *China Quarterly* 162 (2000): 490 – 512; Jean C. Oi and Scott Rozelle, "Elections and Power: The Locus of Decision-Making in Chinese Villages," *China Quarterly* 162 (2000): 513 – 539.

② Robert Putnam, Robert Leonardi, and Raffaella Nanetti, *Making Democracy Work: Civic Traditions in Modern Italy*, p. 63; Hannah F. Pitkin, *The Concept of Representation* (Berkeley: University of California, 1967).

③ 参见1998年全国人大通过的《中华人民共和国村民委员会组织法》。

1000个面对面的针对各州的预算官员、公共管理人员、审计员、学者和司法人员的访谈。"[1]

虽然中国农村地区的情况和美国的州政府有很大的差别。但是科纳克这种研究方法值得借鉴。而问卷调查和深度访谈在我们的研究中又是可行的。因此,针对中国农村地区的特点,在这项研究中笔者将运用三个主要的指标去衡量村委会治理的有效性。这些指标是:土地分配的管理、税收问题以及社会福利和公共产品方面的支出,比如学校、道路的修建。那么怎样来衡量村委会在这些方面的表现呢?笔者将主要依靠农民对问卷调查的回答和每个被调查村的村干部的面对面的访谈。

此外,为了对每个受调查村的农民对村委会表现的评价有一个全面的了解,笔者还计算出了每个村对每个问卷问题回答的平均值。

一 村委会的代表性

为了衡量村委会是否很好地代表他们的选民,在问卷调查的设计中笔者要求每个受调查村的农民根据村委会对农民要求的响应的表现来评价村委会的表现。具体的问卷调查运用了这样的问题:

> 一般情况下,我们的村委会能代表我们左邻右舍村民的利益,并且处理村里事务时能以村民的利益为基础。

受调查者被要求按照五个档来评价这一陈述。1代表强烈反对,5代表强烈同意。给村委会代表性的平均打分最低的村是2.1分,最高的村给出了4.8分(请见表4-1)。所有被调查村对村委会代表性的评分的平均值是3.7,这已经高于我们赋值的5分的中点了。在以下的多元回归分析中,笔者将运用这一项目的分值来衡量村庄治理的代表性。

表4-1 348个村民委员会代表性的测量得分

单位:分

	最小值	最大值	村庄得分的平均值
一般情况下,我们的村委会能代表我们左邻右舍村民的利益,并且处理村里事务时能以村民的利益为基础	2.1	4.8	3.7

---

[1] Knack, "Social Capital and the Quality of Government: Evidence from the States," p. 775.

二　土地分配的管理

土地分配是中国农村治理的中心任务。① 在新中国成立以前，土地是私有财产，土地的分配极度不平均，因为富人可以很容易地从穷人手中买到土地，因此造成了土地的大规模集中。正如本书第三章所讨论的那样，地主和富农只占农村人口的10%，但是他们拥有70%的可耕地。

新中国成立以后，中央政府运用集体化消灭了土地的私有制。到人民公社体制建立起来的时候，所有的土地已经被人民公社集体占有了。邓小平的改革结束了人民公社并建立了新的家庭联产承包责任制。这一新的家庭联产承包责任制把所有的土地根据家庭成员的多少分配给农村家庭，并和农村家庭签订了合同，同时规定了租赁土地的租期（目前是50年）。土地的所有权仍然是国家的，但是使用权和土地收益属于农村家庭。

在进行土地分配时，主要的三个农村治理机构——村民代表大会和村民大会、村委会、村党支部——都参与到这一过程当中。其中，村委会在将土地分配到户的过程中担当着实际的领导角色。于是，村委会怎样在村民中进行土地分配就成为衡量村委会治理有效性的重要的指标。在问卷调查中，笔者运用了几个问题来衡量被调查村中的土地分配：

村里的土地是在哪一年被分配到每家每户的？
在第一次分配之后，对土地又进行过几次再分配？
总的来说，你对你村子里的土地分配状况满意吗？②

基于农民对以上问题的回答，笔者通过分析得到了以下发现。

第一，绝大多数村庄（大约90%以上）分配土地至每家每户是在1979年到1984年这个时间段里完成的。

第二，有一半以上的被调查村（大约60%）在首次分配后没有组织对土地的再次分配。只有约40%的村子在第一次分配后又组织过再次分配，其中20%的村庄至少组织过两次土地再分配。进行土地再分配的原因主要

---

① Loren Brandt, Jikun Huang, Guo Li, and Scott Rozelle, "Land Rights in Rural China: Facts, Fictions and Issues," *China Journal* 47 (2002): 67-97.
② 受访者要求对这一问题三选一：1代表"不满意"；2代表"马马虎虎"；3代表"满意"。

有两个。首先，从1979年到1984年进行的第一次土地分配不太公正，对土地进行再次分配是为了纠正这种不公平。其次，1978年以后，农民不再被固定在他们的村子里，而是拥有了更多迁徙的自由。他们可以从这个村搬到那个村，从农村流向城市，从这个地区走向那个地区。农民流动性的增强也使得土地的再分配显得很有必要。

第三，在大约45%的被调查村中过半的村民表示对土地的分配感到满意。而在大约35%的被调查村中过半的村民表示对土地的分配感到不满意。

总的来说，被调查者对这三个问题的回答被整合成为一个新的变量——土地。这一变量将被用于从土地分配的角度衡量每个被调查村的地方治理的有效性。

三　税收问题

本书第二章曾经提到，2003年中央政府决定在全国范围内实行费改税的改革。在这个新的制度下，地方政府再也不能从农民手中直接征收费用，而是要通过一事一议的制度向村民筹集资金。到了2006年，农业税又被中央政府彻底废除了。废除农业税的目的是要减轻农民的负担，提高农民家庭的收入。这一改革措施的贯彻和落实又成为衡量农村基层治理有效性的重要指标。

在问卷调查中，笔者设计了两个问题来测量这一政策的实施：

你的村子完全废除了农业税吗？
废除农业税之后，你的家庭经济状况有没有得到改善？

关于第一个问题，被调查者只有两个选项，"1"代表"是的"，"0"代表"没有"。而第二个问题则给了被调查者三个选项，"1"代表"一点没有"，"2"代表"有一点"，"3"代表"改善很多"。

基于对回收问卷的分析，笔者有以下的发现。第一，所有的被调查村实行了废除农业税的改革，农业税这个税目完全在中国农村地区消失了。第二，在这些废除了农业税的村庄中，只有大概60%的村庄有过半的村民表示这一改革对他们的经济状况有改善。换而言之，尽管所有的村庄进行了废除农业税的改革，但是在相当一部分农村地区，这样的改革并没有起到预期的减轻农民负担，提高农民收入的目的。在近40%的村庄中，有一半以上的村民认为这项改革对他们的经济状况没有改善。这两个问题的答案被整理为一个新的变量——税收——用来衡量从废除农业税方面反映出来的村庄治理的有效性。

四 社会福利和公共产品方面的支出

《组织法》清楚地指出，"村委会应该管理公共事务并向村民提供公共服务，调节村民的纠纷，帮助维持公共秩序，传达村民的意见和要求，并向人民政府提供建议。"[①] 所以，作为农村治理体制的核心，村委会必须履行以下的任务：管理公共事务，建设公共设施，提供基本的公共服务，并维持村里的公共秩序。在本项研究中，笔者将根据村委会在提供基本社会福利和建设公共设施方面的表现来考察村委会治理的有效性。

在费改税政策实行前，村委会通过收取"五统""三提"来筹集资金以提供基本的社会福利和建设公共设施。但是，在取消农业税之后，村委会只能依靠中央政府的财政转移和"一事一议"制度向农民征集资金来提供公共服务。于是，村委会在社会福利和公共设施方面的开支就反映了他们与上级政府的谈判能力以及他们在村民中的威望。村委会与上级政府的谈判能力越强，在村民中的威望越高，那么他们争取到的资金就越多，在社会福利和公共设施方面的开支就越多。而村委会在社会福利和公共设施方面的开支越多，表明村委会越能有效地服务村民。

因此，笔者运用了两个客观的指标，从提供基本社会福利和建设公共设施方面去衡量村委会的治理表现。这些客观指标包括，在社会福利方面的年支出和在公共产品方面的年支出。关于这两个指标的具体信息来自于对每个被调查村的村干部的访谈（见表4-2）。

表4-2 348个村庄在社会福利和公共产品方面的年度支出

单位：%

在社会福利方面的年度支出	百分比	在公共产品方面的年度支出	百分比
没有支出	65	没有支出	32
支出在1000-10000元	25	支出在1000-10000元	30
支出在10000元以上	10	支出在10000元以上	38

---

① 参见1998年全国人大通过的《中华人民共和国村民委员会组织法》。

基于以上的调查结果，笔者有如下的发现。

第一，大约65%的被调查村在提供基本社会福利方面没有任何投资。只有仅仅10%的被调查村每年投入超过一万元为村民提供基本的社会福利。

第二，大约32%的被调查村在公共产品方面没有任何投资。只有仅仅38%的被调查村每年投入超过一万元用于公共产品建设。

笔者随后重新对这两个关于年度开支的变量进行了编码，形成一个新的综合变量——支出——用来衡量在提供基本社会福利和建设公共产品方面的农村基层治理的有效性。

五 分析

在这一部分，笔者将分析四个地方治理的指标——村委会的代表性、土地分配的管理、税收和社会福利以及公共设施的开支——是怎样联系在一起的？为了回答这个问题，笔者首先考察了从被调查村中选出来的八个样本村的治理表现。在八个样本村中，邢庄、凤山、集水和大旺这四个有着丰富跨越型社会资本的村庄在这四个指标上都获得了高分。与此相反的是，大溪、武阳、铁乡和燕西这四个紧密型社会资本密集的村庄在衡量农村基层治理的这四个指标上得到了很低的分数。这些样本村在四个指标上的得分的一致性初步说明了这四个指标之间的联系是很紧密的。

接下来，笔者将考察这四个指标——代表性、土地、税收和开支——之间的相关性。表4-3中的数据结果表明，这四个指标之间的相关性很高并且很显著。笔者又进一步在这四个指标中进行了因子分析（factor analysis）。表4-4的结果表明这四个指标产生了一个单一的、主导性潜在的共同因子，这一共同因子能够解释四个指标70%的差异（variance）。基于笔者在因子分析和相关性分析中的发现，可以得出如下结论，那就是在这四个治理指标中存在合理的一致性。换句话说，如果某一村庄在四个指标中的任何一个指标上得到了高分，那么它在其他三个指标上也会有很好的表现。就像表4-4所显示的那样，这些乡村要么在几乎所有的治理指标方面都表现出色，要么在几乎所有的治理指标方面都表现糟糕。很少有村庄会在某些治理指标方面得分很高同时又在另一些指标方面相对表现糟糕。

鉴于这些指标之间的高度一致性，笔者将四个治理指标整合成一个单独的治理表现指数。这一指数是通过整合四个指标的数值来得到的。这些数值都经过标准化处理，数值分布从 0 到 1，每个指标在最终的治理表现指数中都有相同的权重。治理表现指数的最终数值也被转化成从 0 到 1 的数字。数字越接近 1，那么这个村庄的治理表现就越优秀。数字越接近 0，那么这个村庄的治理就越糟糕。被调查村的治理表现指数平均得分 0.62，标准方差是 0.29，并且这一指数与组成它的每一个指标（代表性、土地、税收、开支）都高度相关。

表 4-3　四项治理指标：相互关系

	代表性	土地	税收	开支
代表性	1.00	0.62**	0.73**	0.79**
土地		1.00	0.58**	0.53**
税收			1.00	0.81**
开支				1.00

注：1. ** $p<0.01$。
2. 为了测量标准的一致性，四个原始指标经过笔者的重新调整。

表 4-4　治理绩效：因子分析

变量	治理绩效指数
代表性	0.67
土地	0.78
税收	0.86
开支	0.72

注：提取法：主成分因子分析。
1. 只有一个因子提取出来。
2. 特征值（eigen value）= 3.24；能够被解释的方差的百分比（% of Variance）= 70。

第四节　待检验的假设和案例研究

基于以上的文献回顾，笔者预期不同种类的社会资本对中国农村的基层自治组织的治理表现有着不同的影响。具体来说，本书的假设是：

（1）跨越型社会资本对农村地区的基层治理有着积极的影响；

（2）紧密型社会资本则对农村地区的治理有着消极的影响（见表 4-5）。

在接下来的部分,笔者将分析在中国农村这样的特定情境下,跨越型社会资本和紧密型社会资本是怎样影响农村的基层治理的。同时笔者还将试图运用案例分析去检验本书的假设。

表 4-5 社会资本与治理绩效的假设关系

	治理绩效
跨越型社会资本	
参与包容性网络	+
对不认识的外人的普遍信任	+
紧密型社会资本	
参与排外性网络(宗族组织)	−
特殊信任	−

一 跨越型社会资本的影响

正如前面的章节所讨论的那样,跨越型社会资本有两种形态,一种是普遍性信任,即对那些你不认识的陌生人的信任。另一种是对包容性社会网络的参与。笔者的预期是跨越型社会资本的这两种形态会对中国农村地区基层治理的主要机构——村委会的治理表现产生积极的影响。

第一,改革开放以来农村的一系列改革使得农村人口出现了多样化的趋势。一方面,农村改革终结了人民公社,将所有的集体土地都分到了每家每户,农民必须自己为粮食生产负责。与此同时,农村家庭也开始被允许参加一些非农业的经济活动,比如,做小本买卖或者进工厂。总之,这些改革措施使得农村社区中农民的经济状况开始拉开了差距,呈现出多样性。农村家庭之间的贫富差距日益明显。另一方面,农村改革前,社会缺乏流动性,农民们一辈子被束缚在集体土地上。改革开放以后,农民不再被禁锢在他们的村庄,他们有了越来越多的自由进行迁徙,从这个村到那个村,从农村到城市。在一些村庄,绝大部分成年男性都在城市打工,而老年人、妇女和孩子则留守农村。结果是,相比起毛泽东时代的农村,1978 年改革开放后的农村更加的多样化。①

---

① Kennedy, "The Face of 'Grassroots Democracy' in Rural China: Real Versus Cosmetic Elections."

人口多样化的趋势必然带来的是农民利益的多样化。怎样在多样化的利益中找到平衡，怎样照顾到村民的更广泛利益，这些都为村委会在新时代的治理工作提出了更高的要求，形成了新的挑战。由于跨越型社会资本有助于促进政府关注更大多数人的更广泛的利益，而不是只注重一小部分人的狭隘的利益，所以如果在农村存在较多的跨越型社会资本，那么就可以帮助村委会获得更好的治理表现。同时，跨越型社会资本可以充当一个多样化社会中的黏合剂，把不同经济背景的人融合到一起，保持社会的和谐，促进社会的公共福利。因此，跨越型社会资本可以帮助村委会很好地解决由于人口多样化所面临的治理上的挑战。

第二，在费改税改革后，村委会不得不依靠"一事一议"制度向村民筹集资金来提供基本的社会福利和进行公共设施的建设。而对于"一事一议"制度的良性运转来说，必不可少的前提条件就是需要普遍性的合作精神。没有这样的合作精神，要在日益多样化的农村人口中实现妥协和达成共识就会变得非常困难。跨越型社会资本的两种形态——普遍性信任和包容性社会网络——都鼓励来自不同社会、民族背景和占据不同经济地位的个人彼此妥协，相互合作。① 正如埃瑞克·尤斯雷纳所指出的那样，普遍性信任"可以引导我们与那些和我们存在差异的人们进行文明的交往"。② 结果就是，这样的普遍性合作精神为代议制政府负责地、有效地运转提供了理想的环境。所以，跨越型社会资本对代议制政府的表现会有显著和积极的影响。斯蒂芬·克拉克也曾经指出，跨越型社会资本"扩大政府的代表性，于是政府就必须对大多数公民的利益负责，而不是只关注少数人的利益"。③ 显而易见，跨越型社会资本的丰富存量非常有利于"一事一议"制度的良性运转。

二 紧密型社会资本的影响

紧密型社会资本有两种形态，一是特殊性信任，二是对排外性社会网络的参与。笔者的假设是紧密型社会资本对农村基层自治机构的治理表现有着消极的影响。

---

① Fukuyama, *Trust: The Social Virtues and the Creation of Prosperity*; and Knack, "Social Capital and the Quality of Government: Evidence from the States."
② Uslaner, *The Moral Foundations of Trust*, p. 249.
③ Knack, "Social Capital and the Quality of Government: Evidence from the States," p. 773.

首先，正如一些学者所指出的，紧密型社会资本中的特殊性信任和排外性网络会鼓励政府官员照顾小团体的特殊利益。① 这种趋势会损害地方政府对更广大民众的责任心。此外，这样一种社会资本也无法促进来自不同社会背景的团体和个人之间的信任和合作，因为不管是特殊性信任还是排外性社会网络都强调"我们"（即那些你认识的人）和"他们"（陌生人）之间的差异和分界。紧密型社会资本会让人对那些不属于这个团体中的个人产生不信任和怀疑，从而客观上鼓励了人们不劳而获的搭便车行为。同时，就像斯蒂芬·克拉克和埃瑞克·尤斯雷纳所指出的那样，紧密型社会资本，特别是特殊性信任，会阻碍个人参与代表着所在社区利益的集体行动。②

其次，正如前文所述，改革开放以来，农村社区的人口变得越来越多样化。日益显著的多样性要求村委会代表村民的多元化的利益。与此同时，与其他村民的合作意愿对于村委会在一个日益多元化的农村社区中的有效治理变得越来越重要。

但是，紧密型社会资本仅仅强调狭隘的自我，而且并不鼓励在陌生人或者与自己有差异的人中间进行合作，从而产生更广泛、更具有代表性的动议。这种类型的社会资本会使得村庄的政治生活变得更加分裂和疏离。于是，要在采取或执行公共政策方面取得共识或一致就变得更加困难。

蔡晓莉教授发现有些排外性网络，比如，村里的祠堂和宗族，会积极地鼓励农村基层政府去提供公共产品。根据她的研究，排外性网络对农村治理产生积极作用的一个必要的条件就是，"地方政府的行政边界必须和排外性网络的边界重合。"③

在本书的问卷调查中，只有大约 25% 的被调查村存在松散的宗族组织。而这其中只有仅仅 6.9% 的村庄有宗族的祠堂，祠堂的存在意味着这些村庄的宗族组织非常活跃。根据蔡晓莉的研究，如果希望紧密型社会资

---

① Fukuyama, "Social Capital and Development: The Coming Agenda;" Knack, "Social Capital and the Quality of Government: Evidence from the States;" Zmerli, "Applying the Concepts of Bonding and Bridging Social Capital to Empirical Research."

② Knack, "Social Capital and the Quality of Government: Evidence from the States;" Uslaner, *The Moral Foundations of Trust*.

③ Tsai, "Solidary Groups, Informal Accountability, and Local Public Goods Provision in Rural China," p.356.

本对农村治理产生积极的影响,那么村委会的行政边界必须和宗族组织的边界重合。在我们调查的村庄中,只有4%的村庄符合这一条件,他们的宗族组织的覆盖范围和村委会的管辖区域实现了重合。为了检验蔡晓莉教授的理论,笔者创建了一个新的变量,宗族重合,来对这些出现了重合的村庄进行标注,1代表着这个村庄宗族组织的范围与村委会管辖范围重合,0代表着这个村庄没有这样的宗族组织。在下面的多元回归分析中,笔者将使用宗族重合这个新的变量去检验蔡晓莉教授的理论。

三 案例研究

笔者在这一部分将运用斯图尔特·密尔的求同法与求异法来考察八个样本村庄的案例,这八个村庄分别是邢庄、凤山、集水、大旺、大溪、武阳、铁乡与燕西。

首先,笔者将这八个村分为两组。第一组中的村庄,它们的治理表现指数都很高,这意味着这些村的基层组织有很好的治理表现。第二组中的村庄,它们的治理表现指数都很低,这意味着这些村基层组织的治理表现比较糟糕。第一组的村庄被标记为正面案例,其中包括邢庄、凤山、集水、大旺;第二组的村庄代表着负面案例,包括大溪、武阳、铁乡与燕西这四个村庄。

与本书第三章中的讨论相似,笔者将村庄的三个基本特征视为关键:区域位置、与集市的距离和村庄规模。案例研究中的每个村庄在这三个一般特征上都分别存在着差异。

其次,根据求异法的要求,案例研究的八个村庄被分为四个分组。一组:邢庄、大溪,二组:凤山、武阳,三组:集水、铁乡,四组:大旺、燕西。同一组的两个村庄,它们的三个一般背景特征是相同的,但是它们在治理表现指数上得分不一样。

通过运用第一阶段的求同法分析,笔者有以下的发现。

第一,在正面案例中,跨越型社会资本的两个维度——普遍性信任和对包容性网络的参与——与好的治理表现(即,治理表现指数得分高)一贯地正相关。这样的发现表明我们可以暂时将普遍性信任和对包容性网络的参与视为中国农村地区良好治理的原因。而三个一般性背景特征,包括区域位置、离集市的距离、村庄规模不能被视为良好治理的原因,因为它们与好的治理表现并不相关(见表4-6)。

表 4-6　密尔的求同法应用于正面案例

	对包容性网络的参与	普遍信任	区域位置	与集镇的距离	村庄规模	治理绩效的指数
邢庄	高	高	东部地区	适中	很大	高
凤山	高	高	西北地区	相当远	小	高
集水	高	高	南部地区	相当近	大	高
大旺	高	高	中部地区	近	适中	高

第二，在负面案例中，紧密型社会资本的两个维度——特殊性信任和对排他性网络的参与——与糟糕的治理表现（即，治理表现指数得分低）一贯地正相关。这样的发现说明，特殊性信任和对排他性网络的参与可以暂时被视为中国农村某些地区治理欠佳的原因。而三个一般性特征，包括区域位置、离集市的距离、村庄规模并不是导致治理欠佳的原因，因为它们与糟糕的治理表现并不相关（见表 4-7）。

表 4-7　密尔的求同法应用于负面案例

	对排外性网络的参与	特殊信任	区域位置	与集镇的距离	村庄规模	治理绩效的指数
大溪	高	高	东部地区	适中	很大	低
武阳	高	高	西北地区	相当远	小	低
铁乡	高	高	南部地区	相当近	大	低
燕西	高	高	中部地区	近	适中	低

求同法分析之后，笔者使用了第二阶段的求异法分析，并有了以下的一些发现。

第一，在四个分组中，当治理表现指数高的时候，跨越型社会资本的两个维度——普遍性信任和对包容性网络的参与——的数值就高；当治理表现指数低的时候，跨越型社会资本的两个维度的数值就低。这一发现符合密尔的要求，那就是当 Y 出现的时候，X 就必须出现，当 Y 消失后，X 也就不存在。

第二，在四个分组中，当出现糟糕的治理表现的时候，紧密型社会资本的两个维度——特殊性信任和对排他性网络的参与——的数值就高；当糟糕的治理表现不存在的时候，紧密型社会资本的两个维度的数值就低。

第三，以上两种变化关系在所有的分组中都可以观察到，每个分组中的村庄的一般背景特征都是不尽相同的。这一发现就证实了两种类型的社会资本与村庄治理绩效之间的关系是非常稳定的,且有着很高的代表性(见表4-8)。

表4-8 密尔的求异法应用于四组村庄

		区域位置	与集镇的距离	村庄规模	跨越型社会资本	紧密型社会资本	治理绩效指数
第一组	邢庄	东部地区	适中	超大	高	低	高
	大溪	东部地区	适中	超大	低	高	低
第二组	凤山	西北地区	相当远	小	高	低	高
	武阳	西北地区	相当远	小	低	高	低
第三组	集水	南部地区	相当近	大	高	低	高
	铁乡	南部地区	相当近	大	低	高	低
第四组	大旺	中部地区	近	适中	高	低	高
	燕西	中部地区	近	适中	低	高	低

基于这一运用密尔的求同法与求异法进行的案例研究,笔者得出了两个重要结论。首先,普遍性信任和对包容性网络的参与是中国农村地区良好治理的重要原因。其次,特殊性信任和对排他性网络的参与则导致了一些农村地区的基层自治机构在治理绩效上表现欠佳。为了探讨是否能将这样的结论推及中国农村的其他地区,笔者将对全国范围内348个村庄进行的问卷调查做一个回归分析。

第五节 多变量回归分析

笔者将在这一部分建立一个多元回归模型去检验两种类型的社会资本对中国农村基层治理的影响。为了控制来自其他变量的可能的影响,笔者在多元回归中加入了五个控制变量。这五个变量是:区域位置、与集市的距离、村庄规模、经济发展水平、村庄中正式公民团体的成员数量。此外,这一多元回归模型还包括了宗族重合这一变量,以检验蔡晓莉教授的理论。笔者在以下部分将从四个方面去阐述控制变量可能对农村基层治理产生的影响。

第一,经济发展对于村庄治理的潜在影响。很多既往的文献曾经指出,地区经济发展的水平对该地区的治理有着直接的影响。斯蒂芬·克拉克认为,在更富裕的社区,人们拥有更多的资源,他们的日常生活对地治理机构的依赖度比较低。因此在这些富裕地区，期望地方治理机构高效运转的压力就会明显降低，相比贫困社区的治理机构，富裕地区的治理机构就能够更容易地让它们的居民满意。① 此外，普特南等学者也认为，地区社会经济的现代化某种程度上是与公共机构的良好表现紧密相关的。这是因为发达地区在物质和人力资源上比贫困地区有更高的起点，这种优势可以有效促进地方政府的治理。② 一些关于中国农村基层自治组织的早期研究也证明了社会经济发展水平和公共机构治理表现的这种正相关关系。例如，墨宁（Melanie Manion）认为如果将人均收入作为衡量经济发展的指标，那么我们可以观察到这一指标会对村民和干部之间的和谐关系产生一定的影响。③ 这样的和谐关系对于农村基层组织的良好运转有着积极的意义。根据这些早期的研究，笔者预期由于好的经济发展水平可以转化成村委会的财政和人力资源，所以被调查村的经济发展水平会对村委会的治理表现产生积极的影响。

第二，有些关于农村基层治理的研究认为，村庄的规模对村民的政治参与和政治觉悟有一定的潜在影响。④ 具体来说，这些研究发现村庄的规模越大，越不容易使村民参与到村庄事务的处理中来，因为较大规模的村比较小规模的村更难在村民中达成共识和形成公共的利益。所以，对一个较大规模的村庄来说，要组织村民的集体行动就比较困难。这样来看，村庄的规模与村委会的治理表现就将是负相关的。

第三，有的学者研究认为，与集市的距离并不会对治理表现产生直接的影响，而是通过它对村庄经济发展水平的影响来间接影响村庄的基层治理。⑤ 具体来说，这些分析认为，如果一个村庄离集市的距离越近，它就越有更多的机会和资源去实现经济发展。由于经济发展会对基层自治机构的运行产生积极的影响，所以通过影响经济发展的水平，村庄距离集市的距离就会对村委会的治理产生间接的影响。

第四，很多文献都曾指出，正式的公民组织的参与率会对治理表现产

---

① Knack, "Social Capital and the Quality of Government: Evidence from the States," p. 777.
② Robert Putnam, Robert Leonardi, and Raffaella Nanetti, *Making Democracy Work: Civic Traditions in Modern Italy*, p. 85.
③ Manion, "The Electoral Connection in the Chinese Countryside," p. 740.
④ Pastor and Tan, "The Meaning of China's Village Elections."
⑤ 江潭瑜主编《中国新农村调查》，人民出版社，2007。

生潜在的影响。学者们认为，在西方社会，如果正式公民组织的参与率高，那么就会有利于地方政府的施政表现。[①] 但是，正如第二章所讨论的那样，中国农村的绝大多数正式的公民组织都是为了实现国家的目标而创建的，而且是由政府赞助和控制的。这些正式的机构既不是公民自发组织的，也不是水平组织的，所以不符合普特南关于公民组织的定义。所以，笔者预期对于这些正式公民组织的参与不会对农村治理产生积极的影响，而且还可能有负面的影响。

总的来说，多元回归模型的结果支持了笔者先前关于两种类型社会资本与治理表现之间关系的预期（见表4-9）。通过对这一结果的分析，笔者得出了如下四个结论。

表4-9 社会资本的多元线性回归（OLS）与村庄治理

	治理绩效指数		
	b	s. e.	beta
跨越型社会资本			
对包容性网络的参与	2.44**	0.95	0.25
普遍信任	0.53**	0.12	0.19
紧密型社会资本			
对排外性网络的参与	-1.92**	0.83	-0.18
狭隘信任	-0.80**	0.24	-0.17
宗族重合[1]	1.41	1.18	0.06
控制变量			
村庄发展水平[2]	0.73**	0.17	0.20
对正式公民团体的参与度	0.12	0.09	0.03
村庄规模	0.81	0.62	0.04
与集镇的距离	2.07	1.93	0.06
区位[3]：东部	2.36	1.87	0.05
北部	2.08	1.51	0.04
中部	1.83	1.45	0.02
南部	0.80	0.72	0.02

---

① Robert Putnam, Robert Leonardi, and Raffaella Nanetti, *Making Democracy Work: Civic Traditions in Modern Italy*; Putnam, *Bowling Alone: Collapse and Revival of American Community*.

续表

	治理绩效指数		
	b	s. e.	beta
常数	1.48**	0.37	
R^2	0.37		
Adjusted R^2	0.35		
N	336		

注：b 是指偏回归系数，beta 代表标准回归系数，s. e. 代表标准错误。

* $p<0.05$；** $p<0.01$；1 村庄宗族组织的范围与村委会管辖范围重合 =1，村庄没有这样的宗族组织 =0；2 村庄发展水平由第三章中建立起来的发展绩效指数所测量；3 西北地区被设置为参照组。

第一，表 4-9 中的结果清楚地表明了跨越型社会资本的主观规则和客观网络——普遍性信任和对包容性网络的参与——对治理表现有着积极的显著的影响，即使在控制了其他影响的条件下，比如，地理位置、与集市的距离、村庄规模、经济发展水平和正式公民组织的参与率。换句话说，正如笔者所预期的，那些有着丰富的跨越型社会资本资源的村庄在村委会的治理方面有着良好的表现。本书主要是通过四个方面的指标来衡量治理水平：村委会的代表性、对土地分配的管理、税收以及社会福利和公共产品的开支。

第二，回归模型的结果表明了紧密型社会资本的主观规则和客观网络——特殊性信任和对排外性网络的参与——对治理表现有着消极的显著的影响。也就是说，如果一个村庄特殊性信任比较普遍，并且有很多排外性社会网络存在，那么这个村庄的村委会治理表现就相对比较糟糕。

第三，模型中包括的变量——宗族重合——对治理表现没有显著的影响。这样的结果不同于蔡晓莉教授的发现。她认为只要宗族组织的涵盖范围和村委会的管辖范围相重合，那么宗族组织就可能有助于帮助农村基层政府提供公共产品。以下两个原因可以解释本书的发现与蔡晓莉教授的理论之间的这种差距。首先，这一研究中关于治理表现的指数涵盖的范围比蔡晓莉教授使用的更加广泛。蔡晓莉教授主要用公共产品的提供来衡量中国农村的基层治理。[①] 而本研究中的治理表现指数除了公共产品的提供之外，还包括了村委会的代表性、土地分配的管理、税收以及社会福利和公

[①] Lily Lee Tsai, *Accountability without Democracy: Solidary Groups and Public Goods Provision in Rural China* (Cambridge: Cambridge University Press, 2007).

共产品的开支。其次,本研究中的被调查村是随机从9个省与直辖市中抽取的,而蔡晓莉教授的研究样本仅仅集中在四个省:山西、河北、江西和福建。① 考虑到中国是一个大国,并且地区发展极度不平衡,蔡晓莉教授的案例研究产生的结论很难推及中国农村的其他地区。

最后,在众多控制变量中,只有经济发展水平对治理表现有显著的影响。那些经济发展水平较高的村庄,他们的村委会更加有效也更加负责。而正如笔者所预期的,正式公民组织的参与率对治理表现并没有显著的影响,因为这些正式组织是和政府机构联系在一起的,它们只是政策的执行者,并不具有西方社会中的正式公民组织那样的基本特征。

第六节 结论

本章讨论了在中国语境中,农村基层治理的一些相关背景。在中国历史上,乡村的治理曾经被地方精英所垄断(包括富农和乡绅),中央政府的权力从来没有渗透到农村地区。在人民公社制度建立以后,中国政府的权力终于扩散到农村社区的每一个角落,并建立了一套新的农村治理模式。相比中华人民共和国成立以前的情况,中国农村地区失去了它们相对于国家权力的独立性。

改革开放之后,农村治理模式开始发生变化,国家权力逐渐收缩而基层自治则有所回归。总的来说,通过村委会的民主选举和建立村民大会和村民代表大会,目前农村自治制度正在逐渐的民主化。笔者在本书中设计了四个指标来衡量每个被调查村的治理表现。这四个指标包括,村委会的代表性、对土地分配的管理、税收和社会福利以及公共产品的开支。通过对治理表现指数的分析,笔者观察到治理表现在被调查村是很不平衡的。在有些村庄,村委会有效率并负责,但是在另一些村庄,它们的村委会并不是那么有效率。

笔者在本章的理论假设是,两种类型的社会资本会对中国农村的治理表现产生不同的影响。由普遍性信任和包容性网络组成的跨越型社会资本会对村委会的治理起到积极的作用。而使用特殊性信任和排他性网络来衡

---

① Lily Lee Tsai, *Accountability without Democracy: Solidary Groups and Public Goods Provision in Rural China*.

量的紧密型社会资本则对农村基层治理有消极的影响。总的来说，这一假设已经被八个样本村的案例研究和基于 348 个随机抽取的村庄的回归分析所证明。

此外，笔者还发现即使宗族组织的边界与村委会的管辖范围重合，村庄中的宗族组织对村委会的治理表现仍然没有显著的影响。这样的结果与蔡晓莉教授在中国农村所作的经验研究得出的结论正好相反。笔者认为这主要是由于样本的选择和对治理表现的不同衡量指标导致了本研究结果和蔡晓莉的研究结果之间的差异。另外，笔者还发现正式公民组织的参与率对村委会的治理表现并没有显著的影响。

以上的研究发现至少有两个方面的重要意义。首先，本章的发现支持了一些早期的研究主张，即认为在探讨社会资本对地方治理的影响时，应该区别不同类型的社会资本的不同影响。社会资本并不都能积极改善地方政府的治理表现，有的社会资本反而会对治理表现产生不好的影响。其次，本章的研究结果表明，在一个非西方式民主的政治体制中，基层自治组织比如村委会的表现可以通过增加有利的社会资本的存量来改善。在中国农村，积极培育村民间的普遍性信任并为包容性网络的成长创造条件，这些措施都会对基层治理的改善产生积极的影响。

第五章 社会资本与村民的民主价值观

本书前几章的经验研究表明跨越型社会资本对于村庄的经济发展和治理水平有着积极的影响,而与此同时紧密型社会资本则对中国农村地区的经济发展和基层治理产生了负面的影响。这样的探讨与发现都是基于宏观层面的分析,换而言之,笔者是把社会资本看做一个村庄的集体属性。但是,正如笔者在第一章所讨论的,关于社会资本的理论研究存在一个宏观与微观的二分。在分析社会资本的效应时,可以从宏观与微观两个层面入手,分别研究社会资本在这两个不同层面所发挥的作用。

从本章开始,笔者的研究开始转向微观层面,也就是要集中探讨社会资本对于村民个人的影响。在这里,社会资本不再被视为村庄的集体属性,而成为了个人属性。具体说来,在本章以及接下来的第六章中,笔者将会探讨村民个人所拥有的两种不同类型的社会资本的存量多少对于其参与农村基层民主的行为与观念会产生何种影响。笔者的预期是,跨越型社会资本和紧密型社会资本对村民民主价值观念的影响是不同的,前者有助于培育村民个人的民主价值观念以及对于农村基层民主的积极态度,而后者则不利于村民个人民主价值观念的形成,从而导致村民对于农村基层民主持一种不置可否的消极态度。

第一节 社会资本与政治信任

社会资本理论家认为,跨越型社会资本(包括包容性的社会网络和主观的普遍信任)会影响社会成员对政治体制和政权的态度。[①] 首先,普遍信任和对政治体制的信任之间有着高度的正相关关系。比如,美国密歇根

---

① John Brehm and Wendy Rahn, "Individual-Level Evidence for the Causes and Consequences of Social Capital," *American Journal of Political Science* 41, no. 3 (1997): 999–1023.

第五章 社会资本与村民的民主价值观

大学英格尔哈特教授主持的世界价值观念调查发现,在几乎所有被调查的国家中,普遍信任提高了社会成员对一系列政治制度的信任感。因为普遍信任就像一个"信任的发射器"一样,在其发射半径辐射的范围之内,它都能影响人们对其他对象的信任情感。一般来说,学者们倾向于认为政治信任处于普遍信任辐射的半径范围之内,一个人如果有很强烈的普遍信任,那么他也会倾向于信任政府体制以及在这个体制中的任职者。

在西方民主国家,普遍性的社会信任是民众对民主过程产生信任的一个基础。民主程序得以顺利执行的关键就在于这样一个理念,人们必须愿意把政治权力交到那些由公民选举产生的政治官员手中。那些生活在普遍性信任水平较高的社会的人民更愿意接受这样的理念。如果一个民主社会存在高水平的普遍性社会信任的话,那么这种信任就可以帮助在选举后实现有效的和合乎规则的权力交接。① 但是,当人们不相信他们身边的公民时,选举和权力的更替就显得尤为危险。如果政治过程中没有普遍性信任,公民们就会害怕一旦他们选举失利就会失去所有的政治权力。没有普遍性信任,人们就很容易认为,他们的对手在选举失败后不仅不会放弃权力,而且还会付诸武力来保住自己的位子。② 就像罗伯特·雷恩所总结的那样,"那些信任其他人的公民更愿意相信民主过程,那些对其他人相对更加信任的人,会从心理上愿意接受民主过程,并且相信和其他人一样,他们自己也会在选举中扮演有用的角色。"③

其次,社会资本理论认为,参与包容性的社会网络(正式以及非正式的)会增加社会成员对政治制度的认同感。一些社会资本研究者的经验研究也证明了这一结论,比如普特南等学者基于意大利以及美国社会的实证研究就是最好的例证。④ 当一个社会或地区的成员广泛地参与到包容性的

---

① Paxton, "Is Social Capital Declining in the United States? A Multiple Indicator Assessment."
② John L. Sullivan and J. E. Transue, "The Psychological Underpinnings of Democracy: A Selective Review of Research on Political Tolerance, Interpersonal Trust, and Social Capital," *Annual Review of Psychology* 50, no. 1 (1999): 641.
③ Robert E. Lane, *Political Life: Why People Get Involved in Politics* (New York: Free Press, 1959), pp. 163 - 164.
④ Robert Putnam, *Bowling Alone: Collapse and Revival of American Community*; Robert Putnam, Robert Leonardi, and Raffaella Nanetti, *Making Democracy Work: Civic Traditions in Modern Italy*. Jeffrey M. Berry, Kent E. Portney, and Ken Thomson, *The Rebirth of Urban Democracy* (Washington, D. C.: The Brookings Institution, 1993).

社会网络之中，他们就会学习到合作的社会技能和规范，并且由于他们之间往往彼此信任，他们就能更有效的组织集体行动，来监督政府治理、纠正政府滥用权力的行为，或纠正政府管理中的失效现象。这样一种良性的与政府之间的积极互动，显然有利于社会成员建立起对于政府机构的政治信任以及对于政治制度的认同感。

正是由于跨越型社会资本（包括包容性的社会网络和主观的普遍信任）能够帮助社会公民建立起对于民主体制的信任，所以西方社会的民主体制才得以实现良好的运转。所以从这个意义上讲，普特南认为，跨越型社会资本是西方民主良性运转的基石。

基于上述来自西方社会的理论探讨，笔者同样也预期，跨越型社会资本（包括包容性的社会网络和主观的普遍信任）能够帮助我国农村村民建立起对于农村基层民主制度的政治信任，这样的政治信任无疑对农村基层民主制度的良性运转有着至关重要的作用。一方面，普遍性信任能够帮助村民相信，即使是他们不熟悉的人当选了村委会干部，这些干部也会对他们一视同仁。这样村民们就会从心理上更加乐于接受这样一种基层民主选举的制度。另一方面，包容性的社会网络能够使得不同社会背景的村民融合在一起，从而跨越自己人与外人的区分，使得村民之间有一种普遍性的信任，不那么担心新当选的村委会干部会对自己不利。总之，只有产生了这种政治信任，村民们才会相信那些经过选举产生的村委会干部能够代表他们的利益，并在选举之后有效地建立起与村委会干部之间的良性互动关系。

与此同时，笔者预期紧密型社会资本的两个维度——特殊性信任和对排外性社会网络的参与——对村民们的政治信任会产生消极的影响。一方面，特殊性信任和排外性社会网络更有可能向村民灌输非民主的价值观念。特殊性信任会破坏村民对基层民主制度的信心，因为一旦选举不能保障他们信任的人当选村委会干部，他们就会担心新当选的村委会干部在运用权力时不能公正对待他们。同时由于排外性的网络严格地区分了自己人与外人的概念，所以参与排外性网络的村民都是期望自己人能够当选村委会干部。希望一旦落空，他们对于基层民主制度就开始丧失信心。

为了调查中国农民对于农村基层民主制度的政治信任度，笔者在2013年的调查中要求受访者对以下两个论断做出评论：

1. 我衷心支持我国当前的农村民主制度。

2. 尽管选举上来的村委会干部有时候不尽如人意，但是我国当前的农村选举制度是最好的政治制度。

受访者被要求对这两个陈述进行打分，1代表"非常不同意"，2代表"不同意"，3代表"不好说"，4代表"同意"，5代表"完全同意"。笔者把在这两个陈述上的得分相加形成一个综合指数来显示村民们对于农村基层民主制度的政治信任度，指数中的"2"代表政治信任度低，而"10"代表着政治信任度高。

为了检验两种类型的社会资本对村民政治信任度的预期影响，笔者建立了一个多元回归模型，控制了其他变量的潜在影响。这个模型包括了两组控制变量。第一组是被调查村民个人的社会人口特征。第二组是被调查村民所在村庄的宏观状况。下面笔者将进一步解释这两组控制变量可能对村民政治信任度产生的潜在影响。

第一，被调查村民个人的社会人口特征。关于政治信任度的大量文献表明，个人的某些关键的社会人口特征会影响他们对政治制度的信任水平。[1] 有一些研究中国城市和农村地区基层自治的学者也有类似的发现。[2] 这主要是由于这些关键性的社会人口特征在政治社会化的过程中扮演着重

---

[1] Arthur H. Miller, "Political Issues and Trust in Government, 1964 – 1970," *American Political Science Review* 68 (1974): 989 – 1001; Arthur H. Miller, "In Search of Regime Legitimacy," in Arthur H. Miller, William M. Reiginger, and Vicki L. Hesli. Boulder, eds., *Public Opinion and Regime Change: The New Politics of Post-Soviet Societies* (Westview, 1993); Edward N. Muller, "Correlates and Consequences of Beliefs in the Legitimacy of Regime Structures," *Midwest Journal of Political Science* 14 (1970): 392 – 412; Edward N. Muller and Carol J. Williams, "Dynamics of Political Support-Alienation," *Comparative Political Studies* 13 (1980): 33 – 59; Edward N. Muller and Thomas O. Jukam, "On the Meaning of Political Support," *American Political Science Review* 71 (1977): 1561 – 1595.

[2] Jie Chen, "Popular Support for Village Self-Government in China: Intensity and Source," *Asian Survey* 45, no. 6 (2005): 865 – 885; Jie Chen, *Popular Political Support in Urban China* (Stanford: Stanford University Press and Woodrow Wilson Center Press, 2005); Chen Xueyi and Tianjian Shi, "Media Effects on Political Confidence and Trust in the People's Republic of China in the Post-Tiananmen Period," *East Asia* Fall (2001): 84 – 118; Lianjiang Li, "Political Trust in Rural China," *Modern China* Vol. 30, No. 2 (April 2004), pp. 228 – 258; Tianjian Shi, "Cultural Values and Political Trust: A Comparison of the People's Republic of China and Taiwan," *Comparative Politics* July (2001): 401 – 419.

要的角色，从而对人们的政治信任度产生影响。在这些前期研究的基础上，笔者将性别、年龄、教育程度、党员身份以及收入这些关键性的社会人口特征引入到多元回归模型中，作为控制变量。笔者猜测，除了两种类型的社会资本以外，这些社会人口特征也可能会影响村民对于农村基层民主制度的政治信任度。

第二，样本村的宏观状况。根据关于农村基层自治的近期研究，笔者预期某些关键性的村庄宏观背景，比如村庄规模和经济发展水平，可能会影响村民对于农村基层民主制度的政治信任度。比如，以往的一些研究表明，村庄的经济发展水平越高，村民个人拥有的生活质量就会越高，他们就进而会对村庄的民主选举制度产生支持情绪。① 相反，在一些经济发展水平低下的村庄里，村民个人的生活水平非常低下，他们就会对村庄的民主选举制度产生怀疑，认为这些民主选举制度不能够解决他们的生活问题。

表 5-1 列出了多元回归模型的结果。总的来看，多元回归的结果与笔者的理论预期大致相符：两种类型的社会资本显著影响了村民对于农村基层民主制度的政治信任度，并且这种影响是独立于一些关键的社会人口特征和村庄的宏观状况（模型中作为控制变量）的。

表 5-1 社会资本与政治信任度的多元回归（OLS）分析

	村民对于农村基层民主制度的政治信任度		
	b	s. e.	beta
跨越型社会资本			
对包容性网络的参与	0.45**	0.15	0.20
普遍信任	0.55**	0.21	0.19
紧密型社会资本			
对排外性网络的参与	-0.79**	0.30	-0.18
特殊信任	-0.57**	0.23	-0.15
控制变量			
村庄发展水平[1]	0.82**	0.34	0.14
对正式公民团体的参与度	0.23	0.19	0.04

---

① Jie Chen, "Popular Support for Village Self-Government in China: Intensity and Source," *Asian Survey* 45, no. 6 (2005): 865–885.

续表

	村民对于农村基层民主制度的政治信任度		
	b	s.e.	beta
村庄规模	0.68	0.81	0.06
性别	-0.29	0.38	-0.03
年龄	0.32	0.24	0.08
教育程度	0.49	0.90	0.04
党员身份	0.93**	0.35	0.11
收入	0.01	0.02	0.01
常数	2.15**	0.58	
R^2	0.27		
Adjusted R^2	0.25		
N	3408		

注：b 是指偏回归系数，beta 代表标准回归系数，s.e. 代表标准错误。
* $p<0.05$；** $p<0.01$；1 村庄发展水平由第三章中建立起来的发展绩效指数所测量。

首先，正如笔者所预期的那样，跨越型社会资本的两个维度——普遍性信任和包容性社会网络的参与——对村民的政治信任度有着显著的积极影响。那些在普遍性信任和包容性社会网络参与上得分高的村民更愿意信任农村基层民主制度，并对农村民主选举充满信心。

其次，回归模型的结果显示，紧密型社会资本的两个维度——特殊性信任（在本项研究中被定义为对亲戚和同村的同姓村民的信任）以及排外性网络的参与（在本项研究中指宗族组织）——对村民的政治信任度有显著的消极影响。那些在特殊性信任和排外性社会网络参与上得分高的村民更不愿意信任农村基层民主制度，并对农村民主选举充满怀疑。

最后，在所有的控制变量（社会人口特征和村庄宏观状况）中，宏观的村庄经济发展水平以及个人层次的党员身份对村民的政治信任度有着显著的影响。具体来说，回归模型的结果一方面显示生活在经济发达的村庄里的村民更愿意信任农村基层民主制度，并对农村民主选举充满信心。另一方面，那些有着党员身份的村民个人也更加信任农村基层民主制度，并相信农村民主选举的公正和有效。这主要是由于农村中的党员往往都是政治素质或政治参与度较高的人群，由于经常参与互动，有较高的政治效能感，所以有党员身份的村民对政治过程更加有信心。

第二节 社会资本与民主价值观

以普特南为代表的社会资本研究者们相信，丰富的社会资本存量会为一个社会培养出对有效民主治理非常必要的民主价值观。①

在西方民主国家，客观性的社会网络会在他们的成员中培养民主价值的理念。不管是参加正式组织的公民组织还是参与非正式的社交网络，公民都会在参与过程中培育起民主的价值观念和规则。② 一般来说，有两个主要的因素在促进民主规则的传播方面发挥了重要的作用。首先是内部效应。对正式组织和非正式社交网络的参与教会了人们"信任、宽容、妥协、互利互惠的公民道德，以及参与民主讨论和组织的技巧"。③ 如果这些价值和规则是通过正式公民组织和非正式社交网络中频繁的面对面的互动而建立起来的，那么它们就会变得更为稳定。④ 其次就是外部效应。公民对正式公民组织和非正式社交网络的参与限制了国家权力的扩张。正如托克维尔指出的："不管是政治组织还是工商业组织，即便是文学和科学组织，这些都是对公民进行教育的有效场所。这些组织无法被个人的意志所扭曲或被悄悄地取缔，通过保护公民个人的利益免受权力扩张的侵害，他们拯救了大众的自由。"⑤

---

① Gabriel Almond and Sidney Verba, *The Civic Culture: Political Attitudes and Democracy in Five Nations*; Boix and Posner, "Social Capital: Explaining Its Origins and Effects on Government Performance;" Brehm and Rahn, "Individual-Level Evidence for the Causes and Consequences of Social Capital;" Newton, "Social Capital and Democracy;" Paxton, "Is Social Capital Declining in the United States? A Multiple Indicator Assessment;" Alexis de Tocqueville, *Democracy in America*, trans. by George Lawrence (New York: Harper and Row, 1966).

② Boix and Posner, "Social Capital: Explaining Its Origins and Effects on Government Performance;" Brehm and Rahn, "Individual-Level Evidence for the Causes and Consequences of Social Capital;" Newton, "Social Capital and Democracy;" Larry Diamond, "Rethinking Civil Society: Toward Democratic Consolidation," *Journal of Democracy* 5, no. 3 (1994): 4–17; and idem, *Developing Democracy: Toward Consolidation* (Baltimore and London: The Johns Hopkins University Press, 1999).

③ Newton, "Social Capital and Democracy," p. 579.

④ Diamond, *Developing Democracy: Toward Consolidation*.

⑤ Tocqueville, *Democracy in America*, p. 697.

但是，研究社会资本的学者认为包容性的社会网络和排外性的社会网络对民主价值观念有着不同的影响，只有前者教给公民诸如信任、中庸、妥协等民主的美德，并且教会了公民参与民主讨论和组织的技巧，与此同时，排外性社会网络则没有这样的影响。[①] 大多数的排外性社会网络按照等级制原则来组织，所以成员之间的关系更像一种个人庇护关系。结果，排外性的社会网络只会催生服从和等级这样的非民主精神。

普遍性信任会帮助公民个人去相信并支持人民主权、选举、宽容等民主价值观念。一个人只有当他无差异的相信社会其他成员时，他才会放心把自己的权力让渡给选举产生的官员并由选举产生的官员代替自己行使权力，而这正是民主的核心理念所在。特殊信任显然不利于公民个人去相信人民主权与选举这样的民主观念。那些拥有特殊信任的公民个人更倾向于信任自己圈子里的人，而对一般社会里的其他成员充满怀疑，他们显然不愿意把自己的权力让渡给选举产生的自己圈子以外的官员。

此外，普遍性信任会帮助公民个人学会宽容与妥协，这是被已有的经验研究所证明的。[②] 一个社会里，如果公民个人都选择无差异的相信社会其他成员，他们之间的关系就变得易于处理，人们之间就很容易达成妥协，因为他们都不会用恶意去猜测别人的行为。特殊信任显然不利于公民个人去达成宽容与妥协，因为那些拥有特殊信任的公民个人往往会对陌生人的行为有一种负面的预期，如果是这样的话，这种负面猜测就会造成合作中的"囚徒困境"，妥协就没有可能了。

根据上述的理论回顾，笔者同样预期，在中国农村地区，跨越型社会资本（包括包容性的社会网络和主观的普遍信任）能够帮助我国农村村民获得现代民主价值观念。那些拥有普遍性信任的村民会倾向于相信民主选举是产生村干部的最佳方式，因为他们一视同仁地相信村里的所有居民，所以他们会相信经过选举产生的村干部，即使他们可能对选举产生的村干

---

① Zmerli, "Applying the Concepts of Bonding and Bridging Social Capital to Empirical Research;" Callahan, "Social Capital and Corruption;" Lucian Pye, "Civility, Social Capital, and Civil Society," in Robert I. Rotberg, eds., *Patterns of Social Capital: Stability and Change in Historical Perspective* (New York: Cambridge University Press, 2001).

② Eric M. Uslaner and Mitchell Brown, "Inequality, Trust, and Civic Engagement," *American Politics Research* 33, no. 6 (2005): 868–894; Eric M. Uslaner, *The Moral Foundations of Trust* (New York: Cambridge University Press, 2002).

部并不熟悉。那些拥有特殊信任的村民倾向于对陌生人的行为有负面的预期，因此一旦村里的选举不能产生他们熟悉的自己人时，他们就会对农村民主选举制度产生怀疑。

同时，包容性的社会网络能够把有着不同社会背景的村民们融合在一起，这就使得村民们能够学会相互尊重、信任与妥协等民主精神，这些民主精神会导致村民们去支持农村民主选举制度。但是，排外性的网络（在本研究中具体表现为宗族网络）只能使得村民们与宗族网络里的成员紧密抱团，对网络之外的人们保持警惕。这就使得他们无法接受农村民主选举制度，因为农村民主选举制度无法保证他们的自己人一定能够当选。实际上，已经有不少的研究与新闻报道反映，宗族网络极大地干扰了农村民主选举制度的正常运转，为了保证圈子里的自己人能够当选，宗族网络甚至会使用贿选、暴力威胁等手段来破坏民主选举程序的公正性。[1]

为了调查中国农村村民们的民主价值观念，笔者在2013年的调查中要求受访者对以下四个论断做出评价：

1. 各级政府的主要领导人应以差额选举的方式选出。
2. 我们的社会需要容忍那些与大多数人意见相违背的观点。
3. 不管一个人的社会价值观是什么，都可以和别人一样同等享有合法权利。
4. 农村基层选举可以由村扩展到乡镇和区县。

受访者被要求对这四个陈述进行打分，1代表"非常不同意"，2代表"不同意"，3代表"不好说"，4代表"同意"，5代表"完全同意"。笔者将四个陈述的得分相加后，形成了一个综合指数来衡量村民们对于民主价值观念的支持度。指数中的"4"代表较低水准的民主价值观，而"20"代表着较高水准的民主价值观。

为了检验两种类型的社会资本对村民民主价值观念的预期影响，笔者建立了一个多元回归模型，并控制了其他变量的潜在影响。这一模型包括了两组控制变量。第一组是被调查村民个人的社会人口特征。第二组是被

---

[1] 肖唐镖、史天健：《当代中国农村宗族与乡村治理：跨学科的研究与对话》，西北大学出版社，2002。

调查村民所在村庄的宏观状况。

第一，被调查村民个人的社会人口特征。关于民主价值观念研究的大量文献表明，个人的某些关键的社会人口特征会影响他们民主价值的形成和演变。① 有一些研究中国公众民主价值观念的学者也有类似的发现。② 这主要是由于这些关键性的社会人口特征在政治社会化的过程中扮演着重要的角色，从而会对人们的民主价值观念产生一定的影响。在这些前期研究的基础上，笔者将性别、年龄、教育程度、政治面貌以及收入这些关键性的社会人口特征引入到多元回归模型中，作为控制变量。笔者的猜测是，除了两种类型的社会资本以外，这些社会人口特征也会影响村民对于民主价值的支持。

第二，样本村的宏观状况。根据关于农村基层自治的近期研究，笔者预期某些关键性的村庄宏观背景，比如村庄规模和经济发展水平，可能会影响村民对于民主价值的支持。比如，以往的一些研究表明，村庄的经济

---

① Robert W. Jackman and Ross A. Miller, "A Renaissance of Political Culture?" *American Journal of Political Science* 40, no. 3 (1996): 632–659; and idem, "Social Capital and Politics," *Annual Review of Political Science* 1, no. 1 (1998): 47–73; Ronald Inglehart, *Modernization and Postmodernization: Cultural, Economic and Political Change in 43 Societies* (Princeton: Princeton University Press, 1997); and idem, "The Renaissance of Political Culture," *American Political Science Review* 82, no. 4 (1988): 1203–1230. James L. Gibson, "The Resilience of Mass Support for Democratic Institutions and Processes in Nascent Russian and Ukrainian Democracies," in Vladimir Tismaneanu, eds., *Political Culture and Civil Society in Russia and the New States of Eurasia* (Armonk: M. E. Sharpe, 1995); James L. Gibson, Raymond M. Duch, and Kent L. Tedin: "Democratic Values and the Transformation of the Soviet Union," *Journal of Politics* 54, no. 2 (1992): 329–371.

② Yun-han Chu and Yu-tzung Chang, "Culture Shift and Regime Legitimacy: Comparing Mainland China, Taiwan, and Hong Kong," in Shiping Hua, eds., *Chinese Political Culture, 1989–2000* (Armonk: M. E. Sharpe, 2001); Daniel V. Dowd, Allen Carlson, and Mingming Shen, "The Prospects for Democratization in China: Evidence from the 1995 Beijing Area Study," in Suisheng Zhao, eds., *China and Democracy: Reconsidering the Prospects for a Democratic China* (New York: Routledge, 2000); Nathan and Shi, "Cultural Requisites for Democracy in China"; Suzanne Ogden, *Inklings of Democracy in China* (Cambridge: Harvard University Asia Center, 2002); Tianjian Shi, "Cultural Values and Democracy in the People's Republic of China," *China Quarterly* 162 (2000): 540–559; Jie Chen and Yang Zhong, "Defining the Political System of Post-Deng China: Emerging Public Support for a Democratic Political System," *Problems of Post-Communism* 45, no. 1 (1998): 30–42; Yanlai Wang, Nicholas Rees, and Bernadette Andreosso-O'Callaghan, "Economic Change and Political Development in China: Findings from a Public Opinion Survey," *Journal of Contemporary China* 13, no. 39 (2004): 203–222.

发展水平会影响村民们的民主价值观念,因为经济发展水平越高,人们就会拥有越多的时间与金钱去提升自己的公民能力与政治认知能力,进而就会越支持民主价值观念。①

表5-2列出了多元回归模型的结果。总的来看,多元回归的结果与以上的理论预期大致相符:两种类型的社会资本对村民的民主价值观念产生了显著的影响,并且这种影响是独立于一些关键的社会人口特征和村庄的宏观状况(模型中作为控制变量)的。

表5-2 社会资本与民主价值观的多元回归(OLS)分析

	村民对于民主价值的支持度		
	b	s.e.	beta
跨越型社会资本			
对包容性网络的参与	0.52**	0.20	0.25
普遍信任	0.69**	0.24	0.21
紧密型社会资本			
对排外性网络的参与	-0.64**	0.28	-0.19
特殊信任	-0.51**	0.18	-0.17
控制变量			
村庄发展水平1	0.78**	0.31	0.15
对正式公民团体的参与度	0.35	0.30	0.03
村庄规模	0.60	0.76	0.07
性别	-0.26	0.34	-0.02
年龄	0.47	0.40	0.06
教育程度	0.64**	0.27	0.14
党员身份	0.77	0.61	0.05
收入	0.03	0.04	0.02
常数	1.74**	0.46	

---

① Tianjian Shi, "Cultural Values and Democracy in the People's Republic of China," *China Quarterly* 162 (2000): 540-559; Kuan Hsin-Chi and Lau Siu-Kai, "Traditional Orientations and Political Participation in Three Chinese Societies," *Journal of Contemporary China* 11, no. 31 (2002): 297-318; Yanlai Wang, Nicholas Rees and Bernadette Andreosso-O'Callaghan, "Economic Change and Political Development in China: Findings from a Public Opinion Survey", *Journal of Contemporary China*, Vol. 13, No. 39 (2004): 203-222.

	村民对于民主价值的支持度		
	b	s. e.	beta
R^2	0.32		
Adjusted R^2	0.30		
N	3437		

注：b 是指偏回归系数，beta 代表标准回归系数，s. e. 代表标准错误。
* $p<0.05$；** $p<0.01$；1 村庄发展水平由第三章中建立起来的发展绩效指数所测量。

首先，回归模型的结果证实了笔者的预期，即跨越型社会资本的两个维度——普遍性信任和对包容性社会网络的参与——对村民的民主价值观念有着显著的积极影响。那些在普遍性信任和包容性社会网络参与上得分高的村民更愿意支持现代民主价值，诸如民主选举、对不同观点的包容以及对平等权利的支持。

其次，回归模型的结果显示，紧密型社会资本的两个维度——特殊性信任（在本项研究中被定义为对亲戚和同村的同姓村民的信任）以及对排外性网络的参与（在本项研究中指宗族组织）——对村民的民主价值观念有显著的消极影响。那些在特殊性信任和排外性社会网络参与上得分高的村民更不愿意支持现代民主价值，对与自己不同的社会观点缺乏包容，歧视与自己不一样的人并反对给予他们同样的权利。

最后，在所有的控制变量（社会人口特征和村庄宏观状况）中，宏观的村庄发展水平以及个人层次的教育程度对村民的民主价值观念有着显著的影响。具体来说，回归模型的结果表明了生活在经济发达的村庄里的村民更愿意支持现代民主价值，诸如民主选举、对不同观点的包容以及对平等权利的支持。而那些受过较好教育的村民个人也更乐于支持现代民主价值，他们更懂得宽容，对不同的观点能够包容，支持平等权利并认同民主选举。

第三节　社会资本与公共精神

一些既有的研究社会资本的文献曾经指出，跨越型社会资本的两个维度——普遍性信任和对包容性网络的参与——教会人们公共精神的理念。① 在一个有着丰富跨越型社会资本存量的社区里，人们对涉及整个社区的公共事务更加有兴趣。② 而紧密型社会资本的两个维度——特殊性信任和对排外性网络的参与——则会强化集团内部的特殊利益。对于生活在紧密型社会资本存量很高的社区的人们来说，整个社区要就提供公共产品达成一致或采取集体行动是非常困难的。

以普特南为代表的社会资本理论研究者们认识到了跨越型社会资本对社会公共精神的影响。③ 跨越型社会资本影响社会公共精神的途径主要是通过改变社会成员的利益取向——从个人利益取向（我自己如何变得更加富有？）转向社区利益取向（我所在的社区如何会得到改善？）。在一个社区里，大量跨越型社会资本的存在会使得其成员注重长期投资行为，从而提高了整个社区成员的长远福利。④

首先，普遍信任会通过培育社会公共精神，遏制机会主义的行为，帮助社会成员采取集体行动来解决公共问题。⑤ 尤斯兰纳和布朗认为，"普遍信任是把一个社会整合起来的道德力量，社会公益行为是社会信任的自然派生物。"他们进而发现，"社会志愿行为和慈善行为是与普遍信任紧密相关的。"⑥

其次，包容性的社会网络会将"合作、团结以及公益"等道德规范灌输给其成员⑦，并进而促进其成员采取社会公益行为。正如帕克斯顿所建议的，当个人参与包容性的社会网络（正式或非正式的）时，他们会注意到自己与其他社会成员的利益在很大程度上是一致的，这就会使他们超越

---

① Ken'ichi Ikeda and Sean E. Richey, "Japanese Network Capital: The Impact of Social Networks on Japanese Political Participation," *Political Behavior* 27, no. 3 (2005): 239 – 260.

② Gregory Saxton and Michelle A. Benson, "Social Capital and the Growth of the Nonprofit Sector," *Social Science Quarterly* 86, no. 1 (2005): 16 – 35.

③ Robert Putnam, Robert Leonardi, and Raffaella Nanetti, *Making Democracy Work: Civic Traditions in Modern Italy*. Carles Boix and Daniel Posner, "Social Capital: Explaining Its Origins and Effects on Government Performance," *British Journal of Political Science* 28, no. 4 (1998): 686 – 693.

④ Ibid., p. 691.

⑤ Robert Putnam, Robert Leonardi, and Raffaella Nanetti, *Making Democracy Work: Civic Traditions in Modern Italy*.

⑥ Eric M. Uslaner and Mitchell Brown, "Inequality, Trust, and Civic Engagement," *American Politics Research* 33, no. 6 (2005): 893.

⑦ Robert Putnam, Robert Leonardi, and Raffaella Nanetti, *Making Democracy Work: Civic Traditions in Modern Italy*.

个人利益而去考虑社会公共利益，进而就会培育出共同的利益认同以及共同的社会责任感。① 福山则认为，现代社会的缺点就在于过于强调个人主义，人们往往只关注自己的生活及家庭而不愿意参与公共事务。② 美国社会的经验是人们通过参与社会团体来克服个人主义，只有通过参与社会团体，脆弱的个人才能团结形成强大的力量；只有通过参与社会团体，个人才能学习到合作、公益等规范，并进而关注公共事务。

与此相反，紧密型社会资本的两个维度——特殊性信任和排他性网络只会促使人们关注小团体的狭隘利益，而缺乏社会公共精神。首先，特殊性信任使得人们只相信自己圈子里的人，从而导致他们对社会其他成员缺乏信心，他们也就不相信自己的公益行为会得到其他社会成员的积极回馈，久而久之，那些拥有特殊性信任的人群就会缺乏社会公共精神。其次，排他性网络只能凝聚网络内部成员之间的关系，进而导致网络内部成员只关心自身小团体的利益，而对于网络之外的社会公益事业缺乏兴趣。

根据上述的讨论，笔者同样预期，在中国农村地区，跨越型社会资本（包括包容性的社会网络和主观的普遍信任）能够帮助我国农村村民树立起社会公共精神，关心村庄里的公共事务。紧密型社会资本的两个维度——特殊性信任（在本项研究中被定义为对亲戚和同村的同姓村民的信任）以及排外性网络（在本项研究中指宗族组织）的参与则会促使村民们关注自身小圈子的利益，而对村庄的公共事务缺乏兴趣。

那些拥有普遍性信任的村民会倾向于无差别地相信村庄里的所有人，他们会预期如果自己投入时间与精力关注村庄公共事务，其他村民也会同样投入自己的时间和精力去积极参与村庄的公共事务。这样一来，普遍信任显然就会促使农民们培育起社会公共精神，从而共同关注村庄公共事务。而那些拥有特殊信任的农民们倾向于用恶意去猜测陌生人的行为，他们会怀疑别人投身村庄公共事务的动机，同时他们也不相信自己的公益行为会得到别人的善意回馈，其结果就是，特殊性信任会削弱村民们的社会公共精神，使得他们远离村庄的公共事务。

同时，包容性的社会网络能够把有着不同社会背景的村民们融合在一

---

① Pamela Paxton, "Is Social Capital Declining in the United States? A Multiple Indicator Assessment," *American Journal of Sociology* 105, no. 1 (1999): 102 – 103.

② Francis Fukuyama, "Social Capital, Civil Society and Development," *Third World Quarterly* 22, no. 1 (2001): 11.

起，使得村民们能够学会信任与互惠互利的规范。于是村民们就会用互惠互利的态度去对待村庄里的公共事务，他们会相信自己的公益行为会得到其他村民的积极回馈，这最终会有利于村民们团结起来采取集体行动解决村庄里的公共问题（比如修路、修灌溉渠等）。但是，排外性的网络（在本研究中具体表现为宗族网络）只能使得村民们与宗族网络里的成员紧密抱团，对网络之外的事情保持警惕，这就使得他们很少关心村庄里的公共事务，也不愿意参加村里面为修路或修灌溉渠等公共事务而组织的集体行动。

为了调查中国农村村民们的社会公共精神，笔者在2013年的调查中要求受访者评价以下四个论断：

1. 村庄里的一些事情需要大家齐心协力才能解决。
2. 修路/修灌溉渠这样的事情，既是公共的事情，也是我个人自己的事情。
3. 修路/修灌溉渠这样的事情需要我出钱/出力，我都会乐于参加。
4. 大家住在一个村里面，不管认识不认识，我都愿意主动帮助别人。

受访者被要求对这四个陈述进行打分，1代表"非常不同意"，2代表"不同意"，3代表"不好说"，4代表"同意"，5代表"完全同意"。笔者将这四个陈述上的得分相加形成了一个综合指数来测量村民们的社会公共精神，指数中的"4"代表较低水准的社会公共精神，而"20"代表着较高水准的社会公共精神。

随后，笔者建立了一个多元回归模型，来检验两种类型的社会资本对村民社会公共精神的预期影响。在这一模型中，笔者还控制了其他变量的潜在影响。和本章中的前两个模型一样，这个模型包括两组控制变量。第一组是被调查村民个人的社会人口特征。第二组是被调查村民所在村庄的宏观状况。

第一，被调查村民个人的社会人口特征。关于社会公共精神的大量文献表明，个人的某些关键的社会人口特征会影响他们对于社会公共事务的关注水平。[①] 而一些研究中国公众社会公共精神的学者也有类似的发

---

① Robert E. Lane, *Political Life*: *Why People Get Involved in Politics*; Amitai Etzion, *Spirit of Community* (New York: Touchstone, 1st Touchstone ed edition, 1994); Peter Corning, *The Fair Society*: *The Science of Human Nature and the Pursuit of Social Justice* (Chicago: University Of Chicago Press, 2011).

现。① 这些关键性的社会人口特征在公民社会化的过程中扮演着重要的角色，从而对人们的社会公共精神产生影响。参考了前期研究的成果，笔者将性别、年龄、教育程度、党员身份以及收入这些关键性的社会人口特征作为控制变量引入到这一回归模型中。笔者预期，除了两种类型的社会资本以外，这些社会人口特征也会影响村民对于村庄公共事务的关注。

第二，样本村的宏观状况。根据关于农村社会的近期研究，笔者预期某些关键性的村庄宏观背景，比如村庄规模和经济发展水平，可能会影响村民对于村庄公共事务的关注。比如，以往的一些研究表明，村庄的经济发展水平会影响村民们的社区公共精神，因为经济发展水平越高，人们就越会拥有更多的时间与金钱去关注村庄的公共事务，进而就会投身于村庄里的社区公益行为。②

从表5-3的多元回归模型结果来看，多元回归的结果与笔者的理论预期大致相符：两种类型的社会资本对村民的社会公共精神产生了显著的影响，并且这种影响独立于一些关键的社会人口特征和村庄的宏观状况（模型中作为控制变量）。

表5-3 社会资本与社会公共精神的多元回归（OLS）分析

	村民的社会公共精神		
	b	s. e.	beta
跨越型社会资本			
对包容性网络的参与	0.75 **	0.31	0.23
普遍信任	0.98 **	0.47	0.20
紧密型社会资本			
对排外性网络的参与	-0.54 **	0.18	-0.21

---

① 刘祯哲：《试析提升我国慈善事业公信力的对策——以中美两国慈善事业之比较为视角》，《天中学刊》2014年第2期；李新鑫：《中国文化背景下的慈善事业的源起与西方社会的慈善的发展的比较》，《科技致富向导》2014年第2期；梁建东：《公共精神与公民社会——一种培育公共精神的新视角》，《北京观察》2002年第12期；高石磊：《中国社会公共精神的缺失与构建》，《求实》2014年第6期；张爱民：《关于培育我国当前社会公共精神的思考》，《学理论》2013年第29期。

② 夏国锋、邹家峰、王啸、陈长平：《村庄类型与农民公共精神的差异性呈现——胜利村、南坝村和十里村的比较》，《西北农林科技大学学报》（社会科学版）2013年第3期；夏国锋：《农民的生活伦理与公共精神及其对新农村文化建设的政策启示——基于5省20村的调查》，《农业经济问题》2011年第12期。

续表

	村民的社会公共精神		
	b	s.e.	beta
特殊信任	-0.46**	0.14	-0.16
控制变量			
村庄发展水平[1]	0.65**	0.28	0.12
对正式公民团体的参与度	0.27	0.24	0.02
村庄规模	0.58	0.61	0.06
性别	-0.19	0.32	-0.03
年龄	0.53	0.48	0.05
教育程度	0.76**	0.19	0.19
党员身份	0.64	0.56	0.04
收入	0.05**	0.01	0.10
常数	1.52**	0.36	
R^2	0.36		
Adjusted R^2	0.34		
N	3481		

注：b 是指偏回归系数，beta 代表标准回归系数，s.e. 代表标准错误。

* $p<0.05$；** $p<0.01$；1 村庄发展水平由第三章中建立起来的发展绩效指数所测量。

首先，正如笔者所预期，跨越型社会资本的两个维度——普遍性信任和包容性社会网络的参与——能够显著增进村民的社会公共精神。那些在普遍性信任和包容性社会网络参与上得分高的村民更愿意投身于村庄里的社区公益行为，并愿意为修路、修灌溉渠之类的公共事务出钱出力。

其次，回归模型的结果显示，紧密型社会资本的两个维度——特殊性信任（在本项研究中被定义为对亲戚和同村的同姓村民的信任）以及排外性网络（在本项研究中指宗族组织）的参与——对村民的社会公共精神有显著的消极影响。那些在特殊性信任和排外性社会网络参与上得分高的村民更不愿意主动帮助别人，也不太愿意为村庄的公共事务出钱出力。

最后，在所有的控制变量（社会人口特征和村庄宏观状况）中，宏观的村庄发展水平以及个人层次的教育程度和收入水平对村民的社会公共精神有着显著的影响。具体来说，回归模型的结果显示生活在经济发达的村庄里的村民更愿意投身于村庄里的社区公益行为，并愿意为村庄的公共事务出钱出力。而那些受过较好教育的村民个人以及收入水平更高的村民个人也更乐于投身于村庄里的社区公益行为，并愿意为修路、修灌溉渠之类的公共事务贡献自己的力量。

第四节　结论

本章的主要目的是讨论两种类型的社会资本对于村民个人的民主价值观念以及社会公共精神的影响。基于理论上的探讨，笔者得出的初步假设是：跨越型社会资本（包括包容性的社会网络和主观的普遍信任）能够帮助我国农村村民建立起对于农村基层民主制度的政治信任，并能够帮助我国农村村民获得现代民主价值观念与社区公共精神；而与此相反，紧密型社会资本——特殊性信任和对排外性社会网络的参与——会削弱村民们对农村基层民主制度的政治信任，并阻碍村民们获得现代民主价值观念与社区公共精神。

笔者接着利用在2013年对3698位村民调查获得的个人数据进行了多元回归分析。实证研究的结果显示：那些在普遍性信任和包容性社会网络参与上得分高的村民更愿意信任农村基层民主制度，并对农村民主选举充满信心；他们也更愿意支持现代民主价值观念，比如认同民主选举、包容不同的观点以及对平等权利的支持；同时他们也会积极投身于村庄里的社区公益行为，并愿意为修路、修灌溉渠之类的公共事务贡献自己的力量。而与此相反，那些在特殊性信任和排外性社会网络参与上得分高的村民更不愿意信任农村基层民主制度，并对农村民主选举充满怀疑；他们也不愿意支持现代民主价值观念，对与自己不同的社会观点缺乏包容，并且对村庄里的公共事务缺乏兴趣。

这样的发现有什么重要意义呢？关注村民个人的民主价值观念对于我们理解当前农村的政治文化，研究农村的基层民主制度有什么样的价值呢？

以往许多研究中国政治文化的学者曾经强调，中国传统文化不适合于现代民主制度的建设，甚至有学者认为，中国传统文化不是一种现代性的公民文化，而是基于传统君臣关系的臣民文化，因为这一文化强调对君主采取一种敬畏和服从的态度。① 这些学者认为，中国传统文化是集体主义的而非个人主义的，因为它注重社会秩序与和谐、纪律、家长式统治；而现代民主制度则被认为是个人主义的，因为它强调个人与国家的区分，强调个人权利的优先地位。所以，中国传统政治文化与现代民主制度之间存在着一定的对立关系。②

当然，在近些年我国民间与官方的诸多讨论中，也可以经常听到这样的论调，那就是强调对中国公民进行现代政治文明教育，培养现代公民意识，改变传统的政治文化价值观念。在这些研究之中，学者们特别强调，占据中国人口大多数的农民是传统政治文化的坚定跟随者，有着强烈的臣民意识，对于政治事务逆来顺受，因此，对于农民进行公民教育非常必要，需要向农民灌输现代公民意识与民主价值观念。

从这个角度来看，笔者的研究具有重要的理论与政策意义。从理论层面讲，笔者的研究发现，中国农民的政治文化正在发生变迁。随着改革开放的深入，市场经济的推进，以及全球化文化的影响，现代性的跨越型社会资本已经开始在中国农村地区出现并形成了一定的规模。更为重要的是，这一现代性的跨越型社会资本能够培育农民的现代民主意识。农民们开始接受竞争性选举这一新鲜事物，并把竞争性选举看做产生村委会干部的最佳方式。他们逐渐摈弃传统的等级制文化，强调人与人之间的关系是平等的，并且开始学会政治宽容，对不同的社会观点学会包容。这一切都是难能可贵的变化，终将为我国农村的民主化建设奠定坚实的社会文化基础。

从政策层面讲，笔者的研究提示了改造农民政治文化的有效途径。尽管中国政府与学界一直强调现代公民教育是改造农民政治文化的重要途径，但是笔者的研究实际上提示了，除了现代公民教育，在中国农村地区培育现代性的跨越型社会资本也是一种有效的方式，而且这种方式的效果

---

① Samuel P. Huntington, "Democracy's Third Wave," *Journal of Democracy* 2 (1992): 12 – 35; Lucian W. Pye, *The Mandarin and the Cadre: China's Political Cultures* (Ann Arbor: Center for Chinese Studies, the University of Michigan, 1988); and idem, *The Spirit of Chinese Politics* (Cambridge: Harvard University Press, 1992); Lucian W. Pye and Mary W. Pye, *Asian Power and Politics: The Cultural Dimensions of Authority* (Cambridge: Harvard University Press, 1985).

② Samuel P. Huntington, "Democracy's Third Wave," *Journal of Democracy* 2 (1992): 24.

会来得更为深远、更为坚实。具体来说,培育现代性的跨越型社会资本就是要采取切实的措施增强村民间的普遍性信任,并为农村地区包容性网络的成长创造有利的社会和政治条件。

第六章 社会资本和中国农村的政治参与

在这一章里,笔者主要研究分析社会资本对村民个人参与农村基层治理的民主过程的影响,同时本章也将关注社会资本对有关村庄事务的政策制定过程的影响。笔者的预期是:跨越型社会资本和紧密型社会资本对政治参与的影响是不同的。

社会资本的研究者坚持认为,如果一个社区的社会资本存量比较丰富,那么该社区居民对于民主过程的参与率就会比较高,更多的居民会积极参与到更大范围的政治活动当中。普特南指出:"在民主社区的公民要求更有效的公共服务,而且他们更愿意参与集体行动去实现共同的目标。"① 尽管中国不是西方式的民主政治体制,但是改革开放以来,中国农村地区的一些改革,比如村委会的民主选举,村民代表大会和村民大会的建立,正逐步地推进农村基层治理机构的民主化进程。这些机构改革的后果之一就是,普通农民现在也有机会参与村里事务的管理,并且在事关全村利益的重大事件的决策上也有了一定的发言权。本书中对村民民主参与的衡量主要是依据在每个被调查村进行的对农民的访谈和村民对农村基层治理当中的民主参与的主观评价。

通过对348个被调查村的数据的回归分析,笔者发现跨越型社会资本的存量能很大程度地解释民主参与水平的变化,而这样的民主参与对于农村基层民主的顺利运行是非常有好处的。但是,紧密型社会资本则会强化村干部和村民之间的私人庇护关系,所以这种社会资本只会动员农民参加到争取狭隘特殊利益的政治活动中。

第一节 前期文献成果和理论探讨

关于这一问题的早期研究已经基本达成一个共识,那就是在西方民主

---

① Putnam, *Bowling Alone: Collapse and Revival of American Community*, p. 182.

国家中，社会资本对个人层面的政治参与有着积极的影响。对这一命题的第一个经验支持来自于阿尔蒙德和维巴在《公民文化》这本书中所收集的数据。他们在五个国家进行了问卷调查，包括，意大利、德国、墨西哥、美国和英国。他们的研究发现，在这些国家中，社会组织的成员表现出更多的社会信任，政治上更加成熟，政治参与度更高，并有更强的"主观公民能力"。① 随后这一命题又被普特南等学者在意大利所作的社会调查所证明。他们在《使民主运转起来》一书中的发现表明："社会组织会从内部培养他们的成员养成合作、团结和关注公共事务的习惯"，并且参与公民组织会提高个人进行合作的技巧，同时会使追求集体行动的个人形成共同的责任感。结果就是，社会资本会引导更多的民主参与。②

总的来说，既往的文献都认为社会资本会改变公民的政治态度，包括他们的政治兴趣、政治成熟度和民主价值观等。通过改变这些政治态度，社会资本会提高公民的民主参与程度，这对于民主体制的维持和运转是至关重要的。

在普特南以及一些其他学者的研究之中，政治参与和社会资本是混合在一起使用的，甚至把政治参与看做社会资本的构成要素。在本书的研究之中，笔者把政治参与和社会资本分离开来，并没有把政治参与看做社会资本的组成部分。相反，笔者认为政治参与是社会资本所产生的结果之一。③ 帕克斯顿曾经指出，"按照最初的理论定义，社会资本并不包括个人特定的行为，比如，投票或志愿行动。这些行为是高水平的社会资本存量所带来的后果。一旦我们将社会资本的结果与它本身区别开来，我们就能够测量社会资本水平的下降是否会对其他变量，比如投票等产生消极的影响。"④ 据此，笔者的预期是，跨越型社会资本的两个维度——普遍信任和对包容性网络的参与——会对个人的政治参与产生积极的影响。

第一，普遍性信任会促进个人的政治参与。阿尔蒙德和维巴曾经说

---

① Almond and Verba, *The Civic Culture*.
② Robert Putnam, Robert Leonardi, and Raffaella Nanetti, *Making Democracy Work: Civic Traditions in Modern Italy*.
③ 普特南等学者在研究中将政治参与作为社会资本的一部分，参见 Robert Putnam, Robert Leonardi, and Raffaella Nanetti, *Making Democracy Work: Civic Traditions in Modern Italy* (Princeton: Princeton University Press, 1993)。
④ Paxton, "Is Social Capital Declining in the United States? A Multiple Indicator Assessment," p. 101.

过:"这样一种信念,即普遍来说人们是合作的、可信任的和乐于助人的,是会带来政治后果的。公民个人是否相信自己周围的人是善意的,直接决定了公民是否会和这些人一起从事政治活动。"① 他们的实证研究发现证实了"在美国和英国,如果一个人有更多的对别的公民的信任,那么他就越有可能相信他可以和其他的公民一起工作来对政府施加影响。在对其他人有很强信任感的美国人中,80%的人表示,他们会成立一个组织去影响地方政府,而在那些对人的信任度很低的人群中只有58%的人做出这样的表示。此外,那些对人的信任度处于中间水平的人,做出表示要成立政治组织的概率也处于中间水平。在英国也可以观察到同样的现象:信任度高的人中有50%的人表示要建立政治组织,信任度低的人中只有33%有这样的表示。"②

还有学者进一步指出,普遍性信任能积极地促进那些要求在公民中进行合作的政治行为的产生,比如游行示威和抗议。③ 但是,特殊性信任会减少个人的合作和互利互惠的精神,所以这种信任对要求合作与共识的政治行动具有消极的影响。特殊性信任只是鼓励个人去与政府官员接触,而这些个人接触更多的是关注于狭隘的利益或者进行权力寻租。

第二,通过改善成员的政治效能感和公民技能,并提升作为民主国家公民的自豪感,客观性的社会网络可以促进政治参与。④ 积极参与社会网络的成员可以获得更多讨论政治和公共事务的机会并更多地接触政治实践,这会帮助参与者获得政治效能感,使他们成为成熟的政治参与者。⑤

---

① Almond and Verba, *The Civic Culture*, p. 285.
② Ibid., p. 285.
③ Donna Bahry and Brian D. Silver, "Soviet Citizen Participation on the Eve of Democratization," *American Political Science Review* 84 (1990): 821 – 848.
④ Diamond, *Developing Democracy: Toward Consolidation*; Sidney Verba, Kay Lehman Schlozman, and Henry E. Brady, *Voice and Equality: Civic Voluntarism in American Politics* (Cambridge, Mass.: Harvard University Press, 1995); Sidney Verba and Norman H. Nie, *Participation in America: Political Democracy and Social Equality* (New York: Harper & Row, Publishers, 1972); Ronald La Due Lake and Robert Huckfeldt, "Social Capital, Social Networks, and Political Participation," *Political Psychology* 19, no. 3 (1998): 567 – 584; Hall, "Social Capital in Britain."
⑤ Boix and Posner, "Social Capital: Explaining Its Origins and Effects on Government Performance;" Sidney Verba, Kay Lehman Schlozman, and Henry E. Brady, *Voice and Equality: Civic Voluntarism in American Politics* (Cambridge, Mass.: Harvard University Press, 1995); Sidney Verba and Norman H. Nie, *Participation in America: Political Democracy and Social Equality* (New York: Harper & Row, Publishers, 1972).

正如维巴等学者强调的那样，社会组织可以"将他们的成员投入特定的政治场景中。组织的成员可以参加关于政治的谈话，并且有机会参与该组织有关政治的相关活动。这样的政治实践反过来加强了成员对政治的兴趣，并引导成员在组织活动范围之外，参与更高层次的政治活动"。①

此外，社会网络为个人交换政治信息和专门知识创造了有利的条件。人们可以通过与社会网络中的成员进行互动来获得政治效能感。还有一些学者认为"那些积极参与各种社会网络的人，即使没有直接的参与政治活动的机会，也要比那些与社会网络隔绝的人，更容易通过各种与人互动的机会来获得政治信息和专门知识"。② 这样的人也更容易获得政治效能感。在公民技能方面，这些社会网络"在与政治完全无关的活动中为成员提供机会去获得或改善组织与交流的技巧"。③ 人们在这样的社会网络中获得了参与的技巧，更容易成为政治能人，也更愿意参与政治或公共的事务。

大量的经验研究证明，西方社会中高水平的社团参与和经常的非正式的社交活动会导致政治参与的提高。④ 例如，有些学者发现，如果一个社会团体的政治专门知识不断增长，那么团体成员个人往往会更多地投入到政治活动中。与此类似，当成员在社会团体中的政治互动频率增加的时候，成员个人的政治参与率也会增加。实际上，社会团体为这些个人提供了锻炼政治能力的机会，建立了信心并掌握一定的技巧以后，社会团体的成员就更有可能参与到更广范围的政治活动当中。⑤

但是，排外性的社会网络似乎对政治参与没有起到这样的积极作用。由于排外性社会网络成员之间的关系是一种等级式的关系，成员间缺乏平等地交流政治信息的机会。因此，排外性的社会网络不能提高其成员的政治效能感和公民技能，所以这种网络可能会降低其成员的政治参

---

① Sidney Verba and Norman H. Nie, *Participation in America: Political Democracy and Social Equality* (New York: Harper & Row, Publishers, 1972), pp. 186 – 187.
② Lake and Huckfeldt, "Social Capital, Social Networks, and Political Participation," p. 571.
③ Sidney Verba, Kay Lehman Schlozman, and Henry E. Brady, *Voice and Equality: Civic Voluntarism in American Politics*, p. 310.
④ Sidney Verba, Kay Lehman Schlozman, and Henry E. Brady, *Voice and Equality: Civic Voluntarism in American Politics*; Sidney Verba and Norman H. Nie, *Participation in America: Political Democracy and Social Equality*; Hall, "Social Capital in Britain."
⑤ Lake and Huckfeldt, "Social Capital, Social Networks, and Political Participation," p. 579.

与率。

基于以上的讨论,关于社会资本对民主参与的影响,笔者作出了以下两个假设。

(1) 跨越型社会资本的两个维度——普遍性信任和包容性网络——会提高民主体制中公民的政治参与率。一方面,这两个维度可以培养公民对政治参与的态度。这些政治态度包括政治合作意识、政治兴趣、民主价值观还有政治效能感,等等。另一方面,这两个维度能为公民提供参与政治活动的资源,比如,公民技能、政治信息和政治专业知识等等。

(2) 紧密型社会资本的两个维度——特殊性信任和排外性网络——会降低民主制度中的公民政治参与率。这两个维度会强化公民的非民主态度,比如,政治冷漠、追求狭隘的利益、强调服从和等级,等等。此外,紧密型社会资本还会鼓励公民去联系那些他们认识的官员,而这样的接触大部分都是为了他们自己的个人利益。

那么这些基于西方社会的经验在中国的场景下是否正确呢?通过分析从中国农村348个村庄得来的数据,笔者将试图回答这个问题,同时还将考察两种类型的社会资本,在它们各自的两个维度上是怎样影响农村基层自治的民主参与情况的。

第二节 农村的基层民主与政治参与

在这一部分,笔者将对村一级的基层自治的民主参与情况作一个概括性的描述。根据《中华人民共和国村民委员会组织法》,村委会的主任和成员应该由村民直接选举。村委会的任期是三年,村委会的成员如果在下次竞选中获胜的话可以连任。因此,在中国农村基本政治参与的模式就是村委会的选举。

由村民来选举村委会的成员,这对于农村民主治理具有关键性意义,它代表着农村民主治理的最实质性的进步。农村基层民主的发展可以大致分为两个阶段。第一阶段从1980年到1990年,村委会的成员是由那些从村民中筛选出来的代表来选举的。村民们首先选举他们的代表,然后这些代表再正式地选举村委会的主任和成员。在这一阶段,由村民参加的直接选举非常少见,而由村民代表组成的选举团来进行间接选举是

第六章 社会资本和中国农村的政治参与

这一阶段最为普遍采用的方式。对于镇党委和政府来说，间接选举远比所有村民参加的直接选举要容易控制得多，因为大多数参加间接选举的代表都是上届村委会成员从他们的支持者中挑选出来的，或者直接由镇党委和政府领导指定。

《中华人民共和国村民委员会组织法》并没有清楚地规定村委会的候选人应该怎样提名。在实践中，村委会的提名有五种不同的方式：（1）由镇党委和政府的领导来选择候选人；（2）村委会自己选择候选人；（3）镇党委和政府的领导与村委会一起选择候选人；（4）在咨询村民的基础上，镇党委和政府的领导与村委会一起选择候选人；（5）村民集体提名候选人。在第一个阶段，村委会成员候选人的提名是在镇党委和政府领导的严密监督和控制之下进行的，村民们在这个提名过程中几乎没有任何影响力。

在农村基层民主发展的第二个阶段，即从1990年至今，村民们开始直接选举村委会的成员。这样的选举通常被称为"海选"，首先在吉林省梨树县得到实施。从1990年开始，村委会成员的直接选举开始逐渐推广到中国的其他农村地区。在实践中，这些村委会的直接选举有以下一些共同特征：（1）选举权扩大到了所有居住在村子里的村民；（2）村民们有权力提名村委会的候选人；（3）村委会中的任何竞争性职位都必须有多名候选人；（4）候选人第一次有权利可以进行公开的竞选活动。

此外，直接选举也要求改变旧的选举的政策和步骤。一般来说，直接选举的新政策和步骤包括以下三个主要部分。

第一，村委会选举之前要成立村民选举委员会。这个选举委员会要对所有选举过程中出现的问题负责。村民代表大会通常会推荐和决定选举委员会的成员。镇党委和政府的领导不能干涉或控制选举委员会成员的选择。

第二，所有的信息都要公开。选举之前，所有村委会候选人的信息都应该向村民公开。此外，在选举日之前，所有有资格的选民的名单都必须向公众公示。选举的结果也必须在选举结束后向村民公开。除了公开贴出选举通知并告知村民选举地点之外，还必须向每个选民印发纸制的通知。选举委员会的成员要将这些通知送到每家每户的选民手中。

第三，为了指导选举过程，制定了一些明确的要求和规定。村委会成员的候选人必须由村民直接推荐，禁止对任何推荐候选人的法定程序进行变更和任意地废除候选人资格。选举必须采取匿名投票的方式,并且必须召开所有选民参加的选举会议。必须在选举会议上对候选人进行唱名,选票必须公开清点,选举的结果必须向公众宣布,不宣布选举结果的行为是绝对禁止的。①

但是,在很多地区,村委会仍然遵循旧的非直接选举的程序。所以,在当前中国农村地区,直接选举和间接选举这两种方式都是同时存在的。②例如,当笔者在甘肃省进行田野调查的时候,发现在一些村庄,最近一届村委会的成员是由村民间接选举产生的。村民们选举他们的代表,这些代表再选举村委会的主任和成员。

在本书的问卷调查中,有一个问题是用来测量该村是否举行了村委会的选举。那就是,"在你村里是否举行了村委会选举?"基于对 348 个村庄问卷的分析,笔者发现几乎所有的村庄都举行了村委会的选举。

除了村委会的选举,普通村民还可以通过村民大会和村民代表大会去影响地方政府。根据《组织法》的规定,村民大会和村民代表大会是村庄事务的决策机构。但是,在某些情况下,这两个机构并没有像当初设计的那样去运行,村子里的最高决策权力很少掌握在村民大会和村民代表大会的手中。例如,戴慕珍和斯科特·罗泽尔曾经指出,"村民大会和村民代表大会都并不经常召开。村民大会大概一年只开一到两次。村民代表大会本来应该经常召开,但是实践中一年也就开三到四次。"③

村民代表大会应该包括以下一些人员:村民代表、村委会成员、村小组的组长、各级人民代表大会的代表、中国人民政治协商会议的各级委员、村党委的成员。村民代表是选举产生的,在村民代表大会中占最大的一部分。每十到十五户产生一个代表,代表任期三年。④ 但是在一些情况下,村民代表是由村委会或村党委来指定的。所以,村民代表大会的产生方式成为衡量村民民主参与度的重要指标。

在本书的问卷调查中,被调查村的村民被要求回答以下问题:

---

① 徐勇:《中国农村村民自治》,华中师范大学出版社,1997。
② Xu Wang, "Mutual Empowerment of State and Peasantry: Grassroots Democracy in Rural China," *World Development* 25, no. 9 (1997): 1431–1442.
③ Oi and Rozelle, "Elections and Power: The Locus of Decision-Making in Chinese Villages," *China Quarterly* 162 (2000) 519.
④ Ibid.

在你们村里，村民代表是怎么产生的？

在超过55%的被调查村中，村民代表是由广大村民提名并选举的。在大约45%的被调查村中，村民代表是由镇上的干部或者村委会主任或者村党委书记来提名和选举的。这样的调查结果证明了一个事实：村民代表的选举确实为广大村民参加村里事务的管理提供了民主的机会，但是在很多地区这样的过程仍然是被镇上的干部所控制的。

总而言之，从1990年以来，农村基层治理的总体架构已经变得比较民主。中国农村基层治理机构已经真正为普通农民提供了参与基层政治民主过程的机会。村民们可以通过他们的选票去选举村委会的成员，并希望这些成员能响应他们的要求。此外，村民们还可以通过参与村民大会来影响决策过程。同时他们也可以通过选举村民代表或自己当选为村民代表对村民代表大会施加影响。但是，中国农村的民主治理仍然受到乡镇干部和村党委的影响和控制。不管怎样，尽管存在着这样那样的不足，这种农村基层自治制度依然具备民主的特点。

第三节　社会资本和村民的常规政治参与

在这一部分，笔者将探究不同类型和维度的社会资本是怎样影响村民们的常规政治参与行为的。根据西德尼·维巴等学者的定义，常规政治参与行为指的是"公民个人的合法行为，这些行为的目的或多或少都是直接影响政府的人事安排以及政府所从事的活动"。[1] 很多研究民主的学者都认为要维持一个民主体制的良好运转，公民个人的定期参与是很有必要的。[2] 与此类似，在中国的场景下，普通村民对基层治理的常规参与对于中国农

---

[1] Sidney Verba, Norman Nie, and Jae-on Kim, *Participation and Political Equality: A Seven Nation Comparison* (Cambridge: Cambridge University Press, 1978), p.46.

[2] Robert A. Dahl, *Polyarchy: Participation and Opposition* (New Haven: Yale University Press, 1971); Robert E. Lane, *Political Life: Why People Get Involved in Politics*; Lester W. Milbrath, *Political Participation: How and Why Do People Get Involved in Politics?* (Chicago: Rand McNally College Publishing Company, 1977); Samuel P. Huntington, *The Third Wave: Democratization in the Late Twentieth Century* (Norman: University of Oklahoma Press, 1991); Sidney Verba, Norman Nie, and Jae-on Kim, *Participation and Political Equality: A Seven Nation Comparison* (Cambridge: Cambridge University Press, 1978).

村基层自治系统的良性运转也是至关重要的。

一 常规参与行为的测量

在本书的问卷调查中，有两个问题是用来测量村民的常规参与行为的。第一个问题是，"您是否参加了最近一届的村委会成员的选举？"第二个问题是，"请告诉我，您对村委会日常工作和决策的关注度是多少？"

关于第一个问题，被调查者有三个选项，1表示"没有参加"，2表示"是的，但是在乡镇干部或村领导的动员下才参加的"，3表示"是的，我是自觉自愿参加的"。表6-1向我们显示了村民们在村委会选举中的参与方式。

表6-1 参与村委会的选举

	频次	百分比（%）
没有参加	1165	32
是的，但是在乡镇干部或村领导的动员下才参加的	1347	37
是的，我是自觉自愿参加的	1128	31
总计	3640	100

依据这些数据的分析，笔者有以下发现。（1）村民中没有参与村委会选举的比例是较高的。大约32%的被调查村民没有参加最近一届村委会选举。

（2）尽管参与率达到了大约68%，但是大约过半的参与是在乡镇干部和村领导的动员之下实现的。正如表6-1所揭示的，大约37%的被调查村民是在乡镇干部和村领导的动员下参与到村委会的选举中的。只有31%的被调查村民自觉自愿地参与村委会的选举。

（3）由于自愿参与比动员参与更加符合民主的价值观，所以在笔者的研究中，自愿参与被当作民主参与，而动员参与则被认为是准民主参与。

关于第二个问题，被调查者有5个选项。1表示"完全不关注"，2表示"极少关注"，3表示"偶尔关注"，4表示"比较关注"，5表示"非常关注"。表6-2反映了村民对村委会决策和日常工作的关注程度的分布。

只有大约42%的被调查村民对村委会的决策和日常工作表现出一定的关注。在他们当中，有10%的村民非常关注，另有32%的村民是比较关注。大约22%的村民对村委会的决策和日常工作不关注或极少关注。其中4%的村民表示完全不关注，而18%的村民表示极少关注。

表6-2 对村委会日常工作和决策的关注度

	频次	百分比（%）
不关注	146	4
极少关注	659	18
偶尔关注	1318	36
比较关注	1171	32
非常关注	366	10
总计	3660	100

在这项研究中，笔者将"不关注"或"极少关注"村委会的决策和日常工作归为不民主的行为，将"比较关注"和"非常关注"归为民主行为。接下来，笔者将合并这两个指标生成一个新的单一的指数——常规参与——来衡量村民的常规参与趋向。这两个指标之间的双变量相关性很高并且显著，皮尔森指数达到了0.56。常规参与这个指数最终的值将被转化成从2到6的连续数值，得分越接近6，那么村民的民主参与率就越高。

二 社会资本和常规参与关系的理论假设

基于以上的讨论，笔者预期不同类型的社会资本对村民的常规参与有不同的影响。

第一，跨越型社会资本的两个维度——对陌生人的普遍性信任和对包容性社会网络的参与——对基层治理中村民的常规参与有着积极的影响。正如笔者在上一章里发现的，不管是普遍性信任还是包容性网络都会向村民传播现代民主价值观念，比如，支持竞争性选举、支持所有的人享有平等的权利和受到同样的保护。

在田野调查的8个样本村中，笔者运用了以下四个问题去衡量村民的参与倾向。①

(1) 直接选举村委会成员要比由乡镇干部来任命更好。
(2) 基层治理应该要代表村民的意志。
(3) 基层治理的决策过程应该公开。
(4) 政治的真正含义就是所有人都有平等和同样的权利对公共事务进行辩论。

每个问题都有五个选项。1表示"强烈同意",2表示"同意",3表示"不确定",4表示"不同意",5表示"强烈反对"。这四个问题的值被相加得到一个补充变量去衡量村民的参与倾向。跨越型社会资本两个维度与参与倾向指数之间的关系是显著的正相关(皮尔森指数0.37和0.51)。这样的结果显示那些相信其他公民和参与包容性社会网络的人有着强烈对民主参与规则的信仰。

跨越型社会资本的两个维度会为普通村民提供诸如公民技能和政治专门知识等资源。特别是,参与包容性社会网络会给村民提供充分的机会,去学习公民技能,帮助他们提高政治效能感。此外,参与包容性社会网络也有利于村民间交流政治信息,使他们对村里的事务更加感兴趣。

第二,笔者预期紧密型社会资本的两个维度——特殊性信任和对排外性社会网络的参与——对基层治理中村民的常规参与会产生消极的影响。一方面,特殊性信任和排外性社会网络更有可能向村民灌输非民主的价值

---

① 这些问题的设计参考了既有的研究成果。比如, Jie Chen and Yang Zhong, "Valuation of Individual Liberty vs. Social Order among Democratic Supporters: A Cross-Validation," *Political Research Quarterly* 53, no. 2 (2000): 427 – 439; Yun-han Chu and Yu-tzung Chang, "Culture Shift and Regime Legitimacy: Comparing Mainland China, Taiwan, and Hong Kong," in Shiping Hua, eds., *Chinese Political Culture, 1989 – 2000* (Armonk: M. E. Sharpe, 2001); Daniel V. Dowd, Allen Carlson, and Mingming Shen, "The Prospects for Democratization in China: Evidence from the 1995 Beijing Area Study," in Suisheng Zhao, eds., *China and Democracy: Reconsidering the Prospects for a Democratic China* (New York: Routledge, 2000); Tianjian Shi, "Cultural Values and Democracy in the People's Republic of China," *China Quarterly* 162 (2000): 540 – 559; Jie Chen and Yang Zhong, "Defining the Political System of Post-Deng China: Emerging Public Support for a Democratic Political System," *Problems of Post-Communism* 45, no. 1 (1998): 30 – 42; Yanlai Wang, Nicholas Rees, and Bernadette Andreosso-O'Callaghan, "Economic Change and Political Development in China: Findings from a Public Opinion Survey," *Journal of Contemporary China* 13 (2004): 203 – 222。

观念。比如，特殊性信任会破坏村民对基层治理民主过程的信心。由于排外性网络中是由等级制的方式来组织的，所以排外性网络会向村民灌输服从和等级这样的非民主精神。通过分析从 8 个样本村中收集的数据，笔者发现紧密型社会资本的两个维度与参与倾向指数之间的关系是显著的负相关（皮尔森指数等于 - 0.30 和 - 0.35）。这样的结果显示那些对自己的亲戚或好友有着很强的特殊性信任的人更少参与民主政治的程序。而那些参与排外性社会网络的人则很少信仰民主参与规则，并消极对待农村的基层民主制度。

另一方面，紧密型社会资本的两个维度无法给予普通村民必要的公民技能和政治知识，而这对于村民来说是他们参与基层政治的重要的资源。特别是在排外性社会网络中，等级制盛行，成员的关系是一种个人庇护关系，这将强化村干部和村民之间的庇护关系。此外，排外性社会网络会被村干部和乡镇干部用来动员村民参加实现某些人特殊利益的基层政治。

三 多元回归分析

笔者在这一部分将建立一个多元回归模型去检验两种类型的社会资本对村民常规政治参与的预期影响。在这一模型中，笔者还控制了其他变量的潜在影响。这个模型中的控制变量包括两组。第一组是被调查村民的社会人口特征。第二组是被调查村民所在村庄的宏观状况。

第一，被调查村民的社会人口特征。关于政治参与的大量文献表明，个人的某些关键的社会人口特征，比如性别、年龄等会影响他们在政治系统中的常规参与。[1] 在中国的场景下，一些研究中国城市和农村地区基层自治的学者也有类似的发现。[2] 这些关键性的社会人口特征在政治社会化的过程中发挥了重要的作用，从而会对人们在政治系统中的常规参与行为

---

[1] Milbrath, *Political Participation: How and Why Do People Get Involved in Politics?* Verba, Schlozman, and Brady, *Voice and Equality*; Verba and Nie, *Participation in America*; Verba, Nie, and Kim, *Participation and Political Equality: A Seven Nation Comparison*; Steven J. Rosenstone and John Mark Hansen, *Mobilization, Participation, and Democracy in America* (New York: Macmillan Publishing Company, 1993); Jie Chen, *Popular Political Support in Urban China*; and idem, "Subjective Motivations for Mass Political Participation in Urban China," *Social Science Quarterly* 81 (2000): 645 - 662; Shi, *Political Participation in Beijing*.

[2] Manion, "The Electoral Connection in the Chinese Countryside;" Jennings, "Political Participation in the Chinese Countryside;" Oi and Rozelle, "Elections and Power: The Locus of Decision-Making in Chinese Villages;" Zhong and Chen, "To Vote or Not To Vote: An Analysis of Peasants' Participation in Chinese Village Election."

产生影响。在既往研究的基础上,笔者将性别、年龄、教育程度、政治面貌以及收入这些关键性的社会人口特征引入到回归模型中,作为控制变量。笔者预期,除了两种类型的社会资本以外,这些社会人口特征也会影响村民在基层民主过程中的常规参与。

第二,样本村的宏观状况。根据关于农村基层自治的近期研究,笔者预期某些关键性的社会政治背景,比如村庄规模和经济发展水平,可能会对村民在基层民主中的常规参与产生一定的影响。

既有文献显示,一个社会的经济发展水平会对普通公民的政治参与产生显著的影响。随着经济水平的提高,个人和国家权力之间的互动也随之增加。这样的互动能刺激个人参与政治活动。此外,经济发展会改变社会的结构,中产阶级将占社会人口的大多数,社会结构从金字塔型向钻石型转变。由于中产阶级被认为是政治活动的最积极的参与者,所以中产阶级的增加会显著提高一个社会中的公民的政治参与率。除此之外,经济发展也将改变个人的政治态度,这将有助于个人参与政治活动。①

然而,一些关于中国农村基层治理的研究却揭示出经济发展水平和村民政治参与之间的关系并不是那么简单。例如,苏珊·劳伦斯指出,"由于有些村庄的经济发展非常糟糕,治理起来也相当困难,所以这些村庄中的地方权力机构觉得有必要进行一种新的村庄治理形式的试验"。② 按照劳伦斯的逻辑,正是由于这些村庄的经济发展水平低下,所以地方当局给予了村民政治参与的机会。戴慕珍也发现有些经济最发达的地区反而在民主改革方面成效很少。③ 她相信,高水平的经济发展并不必然会调动地方官员进行民主改革的积极性。所以,她认为,"在那些工业化程度较高的村庄,村干部很可能会采取行动去阻挠村民的政治参与"。④ 史天健也曾指

---

① Norman H. Nie, G. Bingham Powell, Jr. and Kenneth Prewitt, "Social Structure and Political Participation: Developmental Relationships, Part I," *American Political Science Review* 63 (1969): 361 - 378; and idem, "Social Structure and Political Participation: Developmental Relationships, Part II," *American Political Science Review* 63 (1969): 808 - 832.

② Susan V. Lawrence, "Democracy, Chinese Style," *Australian Journal of Chinese Affairs* 32 (1994): 61 - 68, 67.

③ Jean C. Oi, "Economic Development, Stability and Democratic Village Self-governance," in Maurice Brosseau, Suzanne Pepper and Tsang Shu-ki, eds., *China Review 1996* (Hong Kong: Chinese University of Hong Kong, 1996), pp. 125 - 144.

④ Oi and Rozelle, "Elections and Power: The Locus of Decision-Making in Chinese Villages," p. 529.

出,选举改革和经济发展的关系是一种曲线型的关系。① 一方面,经济发展确实给村民带来了更多的资源和技能使他们能参与村庄治理的民主过程。但是另一方面,某些村庄的经济发展会巩固现任领导的权力,使得他们不必面对改革的压力。

尽管学者们就目前经济发展对中国农村地区的政治参与有什么样的影响还没有达成一个共识,但是至少他们都同意经济发展水平对基层治理中村民的政治参与是有影响的。所以,笔者在模型中也加入了经济发展作为一个控制变量,目的就是要探究经济发展对中国农村基层治理的民主过程的真正影响。

还有一些学者认为,村庄的规模也会对村民的政治参与产生一定的影响。② 具体来说,这些研究表明村庄的规模越大,就越不容易让村民参与选举活动和决策过程。所以笔者预期村庄规模对村民的常规参与有着消极的影响。规模越大的村庄,其村民的常规政治参与率就会越低。

表6-3列出了多元回归模型的结果。总的来看,多元回归的结果与笔者的理论预期大致相符:两种类型的社会资本对村庄民主过程中的村民的常规政治参与有着显著的影响,并且这种影响是独立于一些关键的社会人口特征和村庄的社会发展情况(模型中作为控制变量)的。

表6-3　社会资本与常规参与的多元回归(OLS)分析

	常规政治参与		
	b	s. e.	beta
跨越型社会资本			
对包容性网络的参与	0.92**	0.40	0.23
普遍信任	0.57**	0.18	0.25
紧密型社会资本			
对排外性网络的参与	-0.48**	0.16	-0.21
特殊信任	-0.34**	0.09	-0.24
控制变量			
村庄发展水平[1]	0.56**	0.25	0.14

① Tianjian Shi, "Economic Development and Village Elections in Rural China," *Journal of Contemporary China* 8, no. 22 (1999): 425 - 442.
② Pastor and Tan, "The Meaning of China's Village Elections."

续表

	常规政治参与		
	b	s. e.	beta
对正式公民团体的参与度	0.19	0.20	0.02
村庄规模	0.62	0.69	0.06
性别	-0.28	0.34	-0.06
年龄	0.23	0.38	0.07
教育程度	0.35	0.61	0.04
党员身份	0.76	0.98	0.09
收入	0.02	0.08	0.02
常数	2.51**	0.59	
R^2	0.24		
Adjusted R^2	0.22		
N	3490		

注：b 是指偏回归系数，beta 代表标准回归系数，s. e. 代表标准错误。
* $p < 0.05$；** $p < 0.01$；1 村庄发展水平由第三章中建立起来的发展绩效指数所测量。

第一，正如笔者所预期的那样，跨越型社会资本的两个维度——普遍性信任和包容性社会网络的参与——对村民的常规政治参与有着显著的积极影响。那些在普遍性信任和包容性社会网络参与上得分高的村民更愿意参加村委会的选举，更加关注村委会的决策和日常工作。

第二，回归模型的结果显示，紧密型社会资本的两个维度——特殊性信任（在本项研究中被定义为对亲戚和同村的同姓村民的信任）以及排外性网络的参与（在本项研究中指宗族组织）——对村民的常规政治参与有显著的消极影响。那些在特殊性信任和排外性社会网络参与上得分高的村民更不愿意参加村委会的选举，更少关注村委会的决策和日常工作。

第三，对正式公民组织的积极参与对村民的常规政治参与并没有显著的影响。这样的结果与基于西方民主国家的经验得来的结论是有出入的。西德尼·维巴在他的几本书中都提到，对正式的公民组织的参与是与普通公民的常规政治参与紧密相关的。① 但是，在中国农村，正式的公民组织

---

① Verba, Schlozman, and Brady, *Voice and Equality*; Verba and Nie, *Participation in America*.

往往与国家机关挂钩,是国家政策的执行者,所以,这些正式公民组织并不能发挥像它们在西方社会中那样的作用。

第四,在所有的控制变量(如社会人口特征和社会政治环境)中,村庄的经济发展水平对村民的常规政治参与有着显著的影响。具体来说,回归模型的结果显示生活在经济发达的村庄里的村民更愿意参与村委会的选举,并更加关注村委会的决策和日常工作。但是,正如表6-3所显示的,诸如社会人口特征这样的其他控制变量对基层民主过程中村民的常规政治参与并没有显著的影响。导致这个结果的原因可能是,由于社会资本和经济发展水平对常规政治参与的影响非常大,所以放在一起,这些社会人口特征变量的影响就显得微不足道了。

第四节 社会资本与非常规政治参与

除了村民的常规政治参与之外,本项研究还将关注村民的非常规政治参与情况。在这一部分,笔者试图探究两种类型的社会资本对村民的非常规政治参与行为的影响。在西方民主国家,对非常规政治参与的定义是,那些挑战和藐视现存政治机构和主流价值的相对并不常见的政治行为。非常规的政治参与可以是合法的,比如,签署申诉信与和平示威,也可以是非法的,比如暴力抗议。正如政治参与的常规形式一样,非常规的政治参与也是民主过程的一个重要部分。① 所以,普通村民的非常规政治参与对于中国农村民主政治体系的维持和良性运转也是非常重要的。

一 非常规的政治参与行为

欧博文和李连江已经记录了多种形式的中国农村村民的非常规政治行为。本项研究将采用他们对"依法抗争"(rightful resistance)的定义来衡量被调查村的非常规政治参与。依法抗争是"一种表达公开分歧的方式,它在权力体制的边缘进行,利用国家不同部门间的差异和矛盾,主要运用有权力的人的讲话和承诺来限制权力的实施。它主要依赖从广泛的群众基

---

① Russell J. Dalton, *Citizen Politics: Public Opinion and Political Parties in Advanced Industrial Democracies* (Chatham, N. J.: Chatham House Publishers, Inc., 1988), p. 67.

础中动员支持"。① 根据欧博文和李连江研究，农民们经常向村和乡镇干部提出维护自身利益的要求，而如果这些干部变得贪得无厌并试图压制农民，那么这些农民就会抵制或反抗这些村和乡镇干部。此外，绝大多数的争端都是农民与村和乡镇干部之间的个人纠纷。农民会采取的行动包括，向法庭申诉、给媒体写揭露信、向上一级的领导请愿、组织集体的申诉，甚至会采取一些非常规的抗争手段，比如，静坐和游行。②

在本书的问卷调查中，有几个问题是用来衡量村民的非常规政治参与行为的。第一个是"在最近四年里，你有没有与村委会有过纠纷？"被调查者有两个选项，1 表示"没有"，2 表示"有过"。表 6-4 描述了近四年来村民与村委会发生纠纷的大体情况。

表 6-4 与村委会的纠纷

	频次	百分比（%）
有过	143	4
没有	3435	96
总计	3578	100

大约 96% 的被调查村民表示，他们与村委会没有纠纷。只有仅仅 4% 的被调查村民说他们在最近四年与村委会有过纠纷。针对这些与村委会有过纠纷的村民，本书的问卷调查又设计了一个问题：

如果你曾经和村委会有纠纷，那么你采取了什么行动去解决这种纠纷？

如果被调查者采取了多种措施，那么他们可以有多项选择。表 6-5 描述了那些与村委会有纠纷的村民所采取的措施。在那些与村委会有纠纷的村民中，33% 的人没有采取任何行动，而是宁愿吃哑巴亏。这样的回答被视为是不民主的。23% 的与村委会有纠纷的村民选择了向法庭上诉，希望获得法律的帮助；19% 的村民向村委会干部递交了申诉信；27% 的村民向

---

① Kevin O'Brien and Lianjiang Li, *Rightful Resistance in Rural China* (New York and Cambridge: Cambridge University Press, 2006), p. 2.
② O'Brien and Li, *Rightful Resistance in Rural China*; Kevin O'Brien, "Rightful Resistance," *World Politics* 49, No. 1 (1996): 31-55.

更高一级的领导递交了申诉信；大约12%的村民组织了向上一级政府的集体申诉，5%的村民给媒体写了申诉信。

表6-5 如果有纠纷，采取了什么行动去解决纠纷

	百分比（%）
法律途径、向法庭上诉	23
向村委会干部递交申诉信	19
向更高一级的领导递交申诉信	27
组织向上一级政府的集体申诉	12
给媒体写申诉信	5
没有采取任何行动	33

这些在与村委会有纠纷时采取措施去申诉自己权利的行为被视为是民主的表现。这样一些措施显示了这些村民有着强烈的权利意识，他们已经意识到了，随着改革开放的深入，农村政治逐渐民主化以后带来的政治机会。而且他们也乐于利用这样的机会来保护他们的权利。①

本问卷调查也为那些与村委会没有纠纷的村民设计了一个假设性问题。"假设你与村委会有纠纷，你首先会采取哪种措施？"表6-6总结了村民对这一问题的回答。

表6-6 假设有纠纷，首先会采取何种措施

	百分比（%）
法律途径、向法庭上诉	30
向村委会干部递交申诉信	20
向更高一级的领导递交申诉信	39
组织向上一级政府的集体申诉	8
给媒体写申诉信	3
不会采取任何行动	15
其他	2

大约15%的被调查者表示他们不会采取任何行动，即使他们与村委会产生了纠纷。这种听之任之的态度被视为是不民主的。30%的村民表示他

---

① O'Brien and Li, *Rightful Resistance in Rural China*; O'Brien, "Rightful Resistance."

们首先会采取提交法庭这样的法律手段，20%的村民表示他们会向村委会干部递交申诉信，39%的村民表示他们会向上级领导递交申诉信。8%的村民表示他们会组织向上级政府集体申述。3%的被调查者表示他们会给媒体写信。正如笔者在前面已经解释的那样，这些措施都被认为是民主的。

二 关于社会资本与非常规政治参与之间关系的理论假设

在本项研究中，笔者预期不同类型的社会资本对基层政治中村民的非常规参与行为有着不同的影响。

第一，跨越型社会资本的两个维度——对陌生人的普遍性信任和对包容性社会网络的参与——对村民的非常规政治参与有着积极的影响。首先，通常来说，作为跨越型社会资本组成部分的普遍性信任与包容性网络会培养村民的民主价值观念。当具有民主价值观念的村民与村委会产生纠纷的时候，他们更倾向于采取行动去行使自己的权利。其次，所有非常规参与的手段（包括向村委会或上一级领导递交申诉信，向上级政府集体申诉，给媒体写信等）都存在着政治风险，并最终有可能招致来自村委会的报复。所以那些采取行动的村民肯定希望得到其他村民的支持，特别是那些组织向上级政府集体申诉的村民。[①] 很明显的是，跨越型社会资本中的普遍性信任和包容性社会网络会帮助村民交换政治信息，使他们对其他村民的支持建立信心，这些对于村民们成功地采取行动维护自己的权利是非常重要的。

第二，紧密型社会资本的两个维度——特殊性信任和排外性社会网络的参与——会对村民的非常规政治参与产生消极的影响。特殊性信任和排外性网络会向村民灌输服从和等级这样的非民主价值观念。所以，当具有非民主价值观念的村民与村委会产生纠纷的时候，他们倾向于忍气吞声而不是采取行动。此外，那些采取非常规政治参与行动的村民需要本村人和外村人的合作。但是，不管是特殊性信任还是排外性网络都使得村民在采取这些行动的时候更加难以合作。

---

① Lianjiang Li and Kevin O'Brien, "Protest Leadership in Rural China," *China Quarterly* 193 (2008): 1–23.

三 统计数据分析

为了检验这些假设,笔者首先进行了一系列的双变量分析。其中两种类型的社会资本是自变量,而那些在与村委会的纠纷中采取过行动的人为因变量。表6-7揭示了当村民们与村委会产生纠纷的时候,作为跨越型社会资本组成部分的普遍性信任和包容性网络会鼓励他们采取行动去保护自己的权利。这些行动包括:法律手段,向村委会或上一级领导递交申诉信,向上级政府集体申诉,给媒体写信。而作为紧密型社会资本组成部分的特殊性信任和排外性网络则成为村民们在与村委会产生纠纷时采取行动的障碍。

表6-7 社会资本与已采取措施之间的相关性分析

	已经采取了行动(至少有一项行动)
跨越型社会资本	
对包容性网络的参与	0.28**
普遍信任	0.23**
紧密型社会资本	
对排外性网络的参与	-0.30**
特殊信任	-0.21**

笔者进而又进行了一组双变量分析,这次分析的两组变量是两种类型的社会资本和那些假设与村委会发生纠纷后会采取行动的人。从表6-8中我们可以看出,假设村民们与村委会产生了纠纷,作为跨越型社会资本组成部分的普遍性信任和包容性网络会鼓励他们采取行动去保护自己的权利。而作为紧密型社会资本组成部分的特殊性信任和排外性网络则会阻碍村民们采取行动。

表6-8 社会资本与假设采取行为之间的相关性分析

	假设会采取行动(至少有一项行动)
跨越型社会资本	
对包容性网络的参与	0.31**
普遍信任	0.27**
紧密型社会资本	

续表

	假设会采取行动（至少有一项行动）
对排外性网络的参与	-0.22**
特殊信任	-0.25**

第五节 结论

在这一章里，笔者检验了在中国农村地区，两种类型的社会资本是怎样影响个人对农村基层民主制度的行为取向的。通过对348个村庄的数据分析，笔者观察到跨越型社会资本（普遍性信任和包容性网络）对村民在基层治理的民主过程中的常规和非常规政治参与都有着显著的积极影响。本书的研究也揭示了紧密型社会资本（特殊性信任和排他性网络）对村民在农村基层治理中的常规与非常规的政治参与有着消极的影响。此外，本研究还发现村庄的经济发展水平对村民的常规政治参与有着显著的影响。生活在经济发达村庄中的村民更倾向于参与到村委会的选举当中。

同时本研究也揭示了，对农村正式公民组织的积极参与并不能鼓励村民的常规政治参与。这样的发现不同于基于西方民主国家经验的研究结果。西方学者的研究通常认为正式的公民组织会鼓励公民参与政治活动。这两种研究结论的差异显示了正式公民组织并不总是一个很好的衡量社会资本的指标，而这是普特南研究中衡量社会资本的主要依据。在像中国这样的转型社会，正式的公民组织是在国家倡导下建立的，并主要为了执行国家的政策而服务。这种自上而下的组织方式决定了正式公民组织的参与率并不是衡量中国社会资本存量的恰当指标。

本章的发现支持了一些早期研究的结论，那就是在研究社会资本对公民政治参与的影响时，区分不同类型和维度的社会资本是非常有必要的。因为社会资本对政治参与的影响并不总是积极的，不同类型的社会资本对政治参与会有不同的影响。本章的发现也证明了跨越型社会资本的两个维度——普遍性信任和包容性社会网络——可以帮助普通村民参与到基层治理的民主过程当中。既然村民的常规政治参与和非常规政治参与对维护农村民主进程至关重要，那么中央政府就应该切实采取措施去鼓励成立独立的包容性网络和培养中国农村地区的普遍性信任，这将显著地改变村民的政治参与取向，保障中国农村的基层民主制度的顺利运行。

第七章 总结

本项研究主要是基于2013年对随机抽取的348个村庄的问卷调查得来的数据。经过对数据的分析，笔者试图对以下五个关键的问题作出回答。(1) 中国农村地区的社会资本存量究竟如何？(2) 不同类型的社会资本对中国农村的社会经济发展有着什么样的影响？(3) 不同类型的社会资本对农村基层治理的影响是什么？(4) 不同类型的社会资本对农村村民个人的民主价值观念有着什么样的影响？(5) 不同类型的社会资本对普通村民参与基层民主过程有什么影响？本项研究的样本来自9个省与直辖市的348个村庄。考虑到本项研究样本的广泛性，笔者认为该研究结果可以推广到中国农村的其他地区。在最后一章中，笔者将对这些研究结果做一总结，主要是要对以上的六个问题作出回答，最后再分析这些研究结果的政治和理论意义。

第一节 对实证研究结果的总结

为了设计一个适合于中国场景的衡量社会资本的标准，笔者首先回顾了西方学术界研究社会资本的既有文献中衡量社会资本的方式。一般来说，西方学术界研究社会资本的文献认为社会资本可以用客观性组织和主观性的个人之间的联系来衡量。客观性组织指的是自发组织和自愿参与的正式和非正式的组织。而主观性联系主要是指人们之间的信任和互利互惠的精神。此外，有学者还区分了两种类型的社会资本：跨越型社会资本和紧密型社会资本。跨越型社会资本是指来自不同社会背景的人们之间的网络和联系，比如关系一般的朋友和同事。紧密型社会资本的定义则是社会背景相同的人们之间的纽带和联系，比如家庭成员、好朋友和邻居等。

第一，尽管许多学者使用正式公民组织中的参与作为衡量跨越型社会资本的重要指标，但是笔者认为在中国农村，正式公民组织的存量不能作为一个很恰当的指标去衡量社会资本。根据2001年的世界价值观调查，中国公民对正式公民组织的参与率是非常低的。只有7%的中国公民参加工会、4%的人参加宗教组织，参加社会福利组织、文化组织和运动/娱乐组织的公民都只分别占到3%。并且，在中国农村，正式公民组织绝大部分是在国家倡导下建立的，创建它们的目的本身就是为推行国家和政府的政策服务。在这些正式组织里，成员们必须服从他们的领导，主导性的价值观念是一种狭隘的地方主义和熟人之间的特殊关系。所以，本研究和其他西方的文献不同，并没有把正式公民组织的参与作为中国农村地区社会资本的衡量指标。

第二，为了衡量农村地区跨越型社会资本的客观维度（即客观性组织），笔者主要关注的是对包容性社会网络的参与，这种参与是通过考察被调查者与其他农民的关系以及与其他农民的合作活动来衡量的。关于村民之间的关系，有超过40%的被调查村庄平均分低于2.0，这意味着这些村庄中农民之间的关系是"不熟悉的"。关于村里的合作行为，有超过55%的被调查村庄的平均分低于2.0，这意味着这些村庄里农民的合作行为不是很多。为了衡量农村地区紧密型社会资本的客观维度，笔者的重点放在了对排外性社会网络的参与，这个指标的主要代表就是宗族组织。在348个村庄里，有87个村庄拥有宗族组织。换句话说，就是大约有25%的被调查村庄有着某种宗族组织。此外，大约6.9%的被调查村庄有较发达的宗族组织，且建立了供奉祖先的祠堂。

第三，为了衡量农村跨越型社会资本的主观维度（即主观性的价值），笔者主要依赖于测量村民中的普遍性信任水平。这是通过村民们对村子以外的那些他们不认识的人的信任来衡量的。本项研究结果表明，在多于74%的被调查村中，村民的普遍性信任平均得分是2.0。这就揭示出，在这些村庄里对于不认识的外人的普遍信任很少。紧密型社会资本的主观方面则包括特殊性信任。这个主要是通过村民们对他们的亲戚、对同村的同姓居民的信任来衡量的。中国农民对他们亲戚的信任度非常高。超过70%的被调查村村民的平均得分是4.0。至于对同村同姓居民的信任得分也是很高的。超过60%的被调查村村民的平均得分高于4.0。这意味着村民们对同村同姓居民的特殊性信任度是非常高的。

基于这些发现，本书对于现阶段中国农村地区社会资本存量得出了一个基本的结论。一方面，传统的紧密型社会资本在农村地区仍然有着坚实的基础，另一方面，我们也可以看到，尽管跨越型社会资本在农村地区的存量还有限，但是这种现代的社会资本已经开始在农村地区形成。

本书的第三章主要关注不同类型的社会资本对中国农村的社会经济发展的影响。笔者用来衡量社会经济发展水平的指标包括：工业化、医疗卫生、生活质量以及平均收入。笔者进行了对 8 个样本村的案例研究和对 348 个村庄的数据的回归分析。这些研究的结果都表明，由普遍性信任和包容性网络来衡量的跨越型社会资本，对被调查村庄的社会经济发展有正面的积极影响。但是，由特殊性信任和排外性网络组成的紧密型社会资本则对被调查村庄的社会经济发展有负面的消极影响。

在第四章中，笔者主要考察了不同类型的社会资本对农村基层治理产生了什么样的影响。被调查村的治理表现主要由以下四个方面的数据来衡量：村委会的代表性、土地分配的管理、税收和社会福利及公共产品的开支。不管是 8 个典型案例研究还是回归分析都证明了跨越型社会资本对被调查村庄的治理表现产生了积极的影响。而紧密型社会资本则对中国农村的基层治理有着负面的消极影响。

第三章与第四章的探讨与发现都是基于宏观层面的分析，换言之，笔者是把社会资本看做一个村庄的集体属性，在村庄这个分析层次上，探讨作为村庄集体属性的社会资本（跨越型社会资本与紧密型社会资本）对于村庄社会经济发展以及民主治理绩效的影响。本书第五章与第六章的研究则开始转向微观层面，也就是将社会资本作为个人属性，从微观的层面探讨社会资本对于村民个人的影响。其中，第五章的主要内容是讨论两种类型的社会资本对于村民个人的民主价值观念以及社会公共精神的影响。笔者利用 2013 年对 3698 位村民调查获得的个人数据进行多元回归分析发现，那些在普遍性信任和包容性社会网络参与上得分高的村民更愿意信任农村基层民主制度，并对农村民主选举充满信心；同时他们也更愿意支持现代民主价值观念，诸如民主选举、对不同观点的包容以及对平等权利的支持，也更愿意投身于村庄里的社区公益行为，并愿意为修路、修灌溉渠之类的公共事务出钱出力。而与此相反，那些在特殊性信任和排外性社会网络参与上得分高的村民更不愿意信任农村基层民主制度，并对农村民主选举充满怀疑；同时，他们也不愿意支持现代民主价值观念，对与自己不同的社会观点缺乏包容，并且对村庄里的公共事务漠不关心。

第六章的主要内容是分析不同类型的社会资本对村民个人参与农村基层治理的民主过程的影响。笔者在这一章区分了两种类型的政治参与，一种是常规政治参与,另一种是非常规的政治参与。相应地,在问卷调查中,笔者也设计了不同的问题去分别衡量这两种政治参与。常规政治参与主要表现在对村委会选举的参与和对村委会决策与日常工作的关注。非常规政治参与则通过当村民们与村委会产生矛盾的时候他们采取的行为来衡量。这些行为包括:向法庭上诉、向村委会干部或上级领导递交申诉信、组织向上级政府集体申诉、给媒体写申诉信。基于2013年对3698位村民调查获得的个人数据进行统计分析,我们发现,跨越型社会资本的两个维度促进了村民在基层民主过程中的常规参与和非常规参与。而紧密型社会资本的两个维度则对村民的常规和非常规政治参与产生了消极的影响。

总之,本项研究的结果为我们全方位地描述中国农村地区社会资本的存量和影响方式提供了坚实的实证基础。那么这种对社会资本的全方位描述对于中国农村地区的经济和政治发展有着什么样的含义?笔者将在本章接下来的部分,深入分析研究结果的理论和现实意义。

第二节 经验研究的理论意义

本研究的主要目的是探究社会资本在诸如中国这样的非西方式转型社会中对政治经济社会的发展会产生什么样的影响。在本小节之中,笔者将讨论研究发现的几个重要理论意义。

一 正式公民组织的参与并不能作为社会资本的恰当的衡量指标

在西方民主国家,对正式公民组织的参与确实是一个衡量社会资本的重要指标。但是在中国这样的转型社会,正式公民组织的性质和西方社会的不一样。西方正式公民组织有两个最根本的特点:首先,成员之间是一种平等的关系;其次是自愿参与。[①] 在中国,正式公民组织是被国家主导的,而且是自上而下组织起来的。所以,对正式公民组织的参与不能作为衡量中国社会的社会资本的依据。

更重要的是,本研究的结果表明,在中国农村地区,即使正式社会组织

---

① Robert Putnam, Robert Leonardi, and Raffaella Nanetti, *Making Democracy Work: Civic Traditions in Modern Italy*.

的参与率还不错，它对农村的宏观发展、基层治理和村民个人的民主价值观念与政治参与也并没有显著的影响。很显然，中国的正式社会团体和西方社会中的正式公民组织所产生的社会影响是不一样的。这样的研究结果也进一步证实了正式公民组织并不能很好地衡量中国社会中存在的社会资本。

二 社会资本是一个有差异的多维度的概念

根据对意大利不同地区经济发展和政治治理的研究，普特南等学者认为跨越型社会资本和紧密型社会资本都是社会资本不可分割的部分。所以在两种社会资本之间保持平衡将对地区发展和民主治理产生积极的影响。① 这样的结论实际上暗示了，社会资本是一个单一的概念，所有的社会资本都会对一个社会中的经济发展和民主治理产生相同的影响。

但是，美国学者福山认为不能太轻率地下结论，特别是当我们研究社会资本在非西方式转型社会中的作用的时候。在非西方式转型社会，不同类型的社会资本对经济发展和政府治理有着不同的影响，所以我们应该用不同的方式来对待不同类型的社会资本。福山指出，"我们不应该走到一个村庄，发现存在社会网络，然后就宣称它是好的社会资本。这是远远不够的。大多数发展中国家实际上有着丰富的社会资本，只不过这种社会资本是以宗族、部落等传统社会团体的形式存在的。从这个角度去观察，许多包含着社会资本的某一特征的传统团体都是发展的障碍，因为他们与外界隔绝并且拒绝变革。所以我们更需要的是对某些社会资本的创造性破坏，并在现代组织的基础上逐渐扩大信任的范围。"②

本项研究的经验证据支持了福山的结论。笔者发现，在中国农村，对亲戚的特殊性信任特别强烈，而宗族组织在村庄的事务管理中仍然有一定的影响力。这样的结果证明了中国农村的紧密型社会资本存量仍然非常丰富。此外，8个典型案例研究和基于大样本的多元回归分析也证明了传统的紧密型社会资本对本项研究的四个因变量（宏观层次的村庄发展与基层治理、微观层次的村民个人的民主价值观念与政治参与）有着显著和负面的影响。这些结果支持了福山的观点，那就是传统性的社会资本实际上是

---

① Robert Putnam, Robert Leonardi, and Raffaella Nanetti, *Making Democracy Work: Civic Traditions in Modern Italy*.

② Fukuyama, "Social Capital and Development: The Coming Agenda," *SAIS Review* (22): 34.

社会经济发展的障碍。

现代性的跨越型社会资本正在中国农村社会形成。笔者进行的经验研究表明,这种现代性的跨越型社会资本对本项研究的四个因变量(宏观层次的村庄发展与基层治理、微观层次的村民个人的民主价值观念与政治参与)有着显著和正面的影响。这样的结果也说明现代性的跨越型社会资本会积极促进转型社会的综合发展。

总之,本项研究认为社会资本是一个多类型、多维度的概念。不同种类的社会资本(跨越型和紧密型)对像中国这样的转型社会的经济发展和政府治理的影响是不一样的,并不是像有些学者认为的社会资本都会产生积极的影响。

三 解释并预测社会资本在转型社会中的作用

以上的理论发现对于其他非西方式的转型社会有什么意义?这一问题可以通过对以下两个议题的分析来回答。

第一个就是在非西方式的转型社会,国家在正式公民组织的形成和发展中扮演的角色。比如,有一些关于亚太地区社会研究的结果表明很多正式公民组织都是在国家的直接赞助和倡导下建立起来的。[①] 所以亚太地区社会中很大一部分的正式公民组织依赖于国家权力。正如拉塞尔·戴顿(Russell J. Dalton)所认为的那样,"在一些东亚国家社会团体不是独立于国家而存在的,而且那里也不存在自发的市民社会,于是这些社会团体更像是政府机关的合作机构"。[②] 这种国家与正式公民组织的特殊关系使得这些组织与西方社会中的正式公民组织有很大的不同。拉塞尔·戴顿认为,"在亚洲的非西方式社会,团体成员资格的背景和内容是根本不同的。参与这样的社会组织所得到的经验与参加西方国家公民组织的经验完全不一样"。[③] 所以当我们分析发展中国家的正式公民组织给社会经济发展带来的影响的时候,我们必须记住这一点。

[①] David C. Schak and Wayne Hudson, *Civil Society in Asia* (Aldershot: Ashgate Publishing, Ltd., 2003); Muthiah Alagappa, *Civil Society and Political Change in Asia: Expanding and Contracting Democratic Space* (Stanford: Stanford University Press, 2004).

[②] Russell J. Dalton, "Civil Society, Social Capital, and Democracy," in Russell J. Dalton and Doh Chull Shin, eds., *Citizens, Democracy, and Markets Around the Pacific Rim: Congruence Theory and Political Culture* (New York: Oxford University Press, 2006), p. 115.

[③] Ibid., p. 116.

第二个问题就是不同类型的社会资本以及它们对社会经济发展的不同影响。笔者的研究结论是社会资本是一个多类型、多维度的概念，不同类型的社会资本会给经济发展和政府治理带来不同的影响。这样的结论对其他亚洲的转型社会来说也同样适用。比如，福山发现在许多亚洲国家，基于家庭或社区的社会网络会妨碍更广范围的社会网络的形成，因此它们会妨碍长期的社会经济发展。① 此外，威廉·卡拉汉也发现在泰国这样的民主国家，传统的、非民主的社会资本是与贿选、政治腐败、种族主义联系在一起的。卡拉汉建议进行更进一步的比较研究，以便探索现代的、民主的社会资本和传统的、非民主的社会资本之间的关系。②

这些基于转型社会的经验研究证明了学者们的观点，那就是不应该将社会资本视为一个单一的概念，而是要区分社会资本的不同类型与不同维度，并且研究它们对于社会经济发展的不同影响。

四 宏观与微观的二分：社会资本的不同层次

分析层次一直是社会科学研究中的一个重要概念。从微观研究到宏观研究，社会科学的研究者们所使用的分析层次是不同的。一般说来，所有的社会科学研究有五种分析层次：个人、群体、组织、社区、社会产品和社会事件。③ 其中，个人是最低层次的分析单位，而国家是最高层次的分析单位。明确分析层次的区分对于任何一项社会科学研究来说无疑具有非常重要的意义，因为如果研究者们在研究中不能保证分析层次的一致性，那么通常就会造成两种类型的研究错误。

第一种是层次谬误，它意味着从比较高的分析层次中得到的结果似乎也可以在层次比较低的个体中得到证实，也就是说，研究者用一种比较高的分析层次作研究，而用另一种比较低的分析层次作结论。

第二种是化约主义错误，指的是研究者用个体层次的资料来解释宏观层次的现象。要避免化约主义的错误，最重要的是在选择分析层次时，注意资料来源层次与得出结论层次的一致性。

---

① Fukuyama, *Trust: The Social Virtues and the Creation of Prosperity*.
② Callahan, "Social Capital and Corruption: Vote Buying and the Politics of Reform in Thailand," p. 495.
③ 艾尔·巴比：《社会研究方法》（第10版），邱泽奇译，华夏出版社，2005，第 92~98 页。

社会资本到底属于何种分析层次？社会学背景的研究者遵循皮埃尔·布迪厄和詹姆士·科尔曼的学术传统，倾向于把社会资本看做一种个人属性，侧重于在个人的分析层次上探讨社会资本对于个人生活、工作以及价值观念的影响。政治学背景的研究者遵循了罗伯特·普特南的学术传统，把社会资本看做社会或社区的群体属性，侧重于在社区的分析层次上探讨社会资本对于一个社会或社区的宏观影响。

笔者在研究中强调，第一，宏观与微观的二分非常重要，因为社会资本确实既是一个个人层次的分析概念，同时也是一个社区层次的集体概念。

第二，宏观与微观的分析其实是可以统一起来的，笔者并没有过于强调宏观与微观分析的对立，而是力图综合两个层次的分析。换言之，笔者在分析中，一方面坚持把社会资本看做村庄层面的集体属性，探讨作为村庄集体属性的社会资本（跨越型社会资本与紧密型社会资本）对于村庄社会经济发展以及民主治理绩效的影响。另一方面，笔者也把社会资本看做一个个人层面的个体概念，讨论两种类型的社会资本对于村民个人的民主价值观念、社会公共精神以及政治参与的影响。

第三，笔者坚持认为，宏观与微观的分析需要分开来进行处理，也就是宏观层次的分析与结论只能保持在宏观层次上进行，微观层次的分析与结论也只能保持在微观层次上进行。保持资料分析层次与得出结论的层次一致性，是一项非常重要的方法论要求，这可以帮助我们避免两种类型的研究错误（层次谬误与化约主义错误）。

第三节　社会资本在中国农村中的作用

本项研究的结果对于中国农村的经济和政治发展有着积极和重要的现实指导意义。本研究的发现说明社会资本在中国农村的社会经济发展、基层治理和民主参与方面发挥的作用比较复杂：一方面，现代性的跨越型社会资本对宏观层次的村庄发展与基层治理以及微观层次的村民个人的民主价值观念与政治参与有着显著和积极的影响，另一方面，紧密型社会资本则在这些方面起着负面的作用。

一　鼓励发展相对独立的农民自发组织

本研究发现，为了促进农村地区的经济发展和改善基层治理，中国政府应该采取切实的措施去鼓励相对独立的农民组织的发展。

首先,中国农村地区的正式公民组织显然不能对经济发展和基层治理产生积极的影响,因为这些正式公民组织是国家建立和赞助的,目的是执行国家的政策,所以它们往往不能很好地为其代表的农民成员的利益服务。因此,中央政府应该放松他们对正式公民组织的管制,并帮助这些正式组织更加独立于国家权力。特别是,中央政府应该鼓励这些正式公民组织更多代表他们成员的利益而不仅仅是为了国家的目标而服务。只有这些组织成为农民利益的代表,它们才会吸引更多农民的参加,并像西方社会中的正式公民组织那样发挥跨越型社会资本的积极作用。

其次,对包容性社会网络的参与很显然对经济发展和政府治理有着积极的影响。所以,中央政府应该重新审视对于社会组织登记管理的条例。特别是,中央政府应该简化社会团体的登记,使得建立社会组织更加容易,尽量减少建立自发的农民组织的制度性障碍。正如笔者所讨论的,由于这些制度性障碍的存在,对村民来说建立一个自发的正式组织是非常困难的。

实际上,中国政府已经在过去十年里逐步推动农民自发组织的发展,其中一项举措就是鼓励发展农民专业经济合作组织,并为此在 2006 年颁布了《中华人民共和国农民专业合作社法》。国务院为了推进该法的执行,还在 2007 年颁布了国务院第 498 号令:《农民专业合作社登记管理条例》。但是目前而言,这一自发经济合作组织在我国农村地区发展得并不是很好。在我们的调查中,我们设计了这样一个问题来调查农民经济合作组织的发展情况:"你们村现在有没有农民经济合作组织?"图 7-1 的分析结

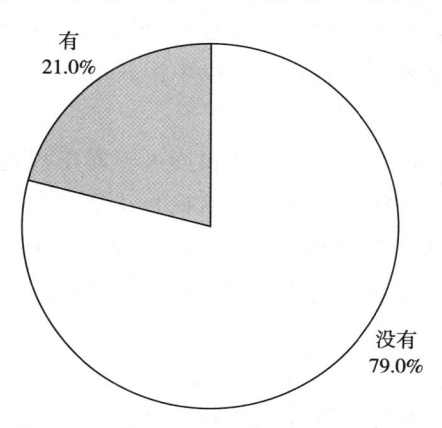

图 7-1 农民经济合作组织的发展情况

果显示了，在我们调查的 348 个村庄里，只有 21% 的村庄里存在农民经济合作组织，这一比例相对来说还是比较低的。

但是，笔者在调查中能够感觉到农民个人对于农民经济合作组织有着强烈的需求。在我们的调查中，我们设计了这样一个问题来调查农民对参与经济合作组织的意愿："请问你是否愿意参加农民专业合作社？"图 7-2 的分析结果显示了，在 3698 位被调查的村民之中，有 50.9% 的村民说，他们想加入农民专业经济合作组织，但是由于种种原因，他们没有办法加入。

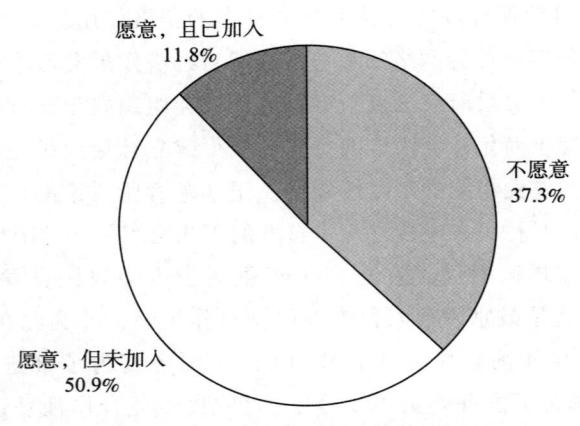

图 7-2　参加农民经济合作组织的意愿

二　提高村民中的普遍性信任

作为跨越型社会资本重要组成部分的普遍性信任对农村地区的经济发展和基层治理会产生积极的影响，所以中国政府应该采取措施培育农村社区中的普遍性信任。

一些学者已经意识到，教育水平和读报率对于提高公民中的普遍性信任有着积极的作用。[①] 为了检验这一结论在中国场景下是否成立，在对 8 个村庄的田野调查中，笔者收集了一些关于被访问者的基本社会人口数据。笔者用以下的问题去衡量被访问者的普遍性信任。

---

① Halpern, *Social Capital*; Peter A. Hall, "Great Britain: The Role of Government and Distribution of Social Capital," in Robert Putnam, eds., *Democracies in Flux: The Evolution of Social Capital in Contemporary Society*; Brehm and Rahn, "Individual-Level Evidence for the Causes and Consequences of Social Capital."

一般来说，如果不考虑经济利益，你对你不认识的外地人的信任有多少？

然后，笔者对被访问者的社会人口特征和普遍性信任得分之间的关系进行了一系列的变量分析。笔者发现教育水平、读报率与普遍性信任之间的关系是显著的正相关关系（Pearson相关系数得分分别为0.38和0.42）。

这样的发现表明，政府应该投入更多的资源去为村民提供免费的教育，并在农村地区建立更多的公共图书馆。具体来说，政府应该继续扩大投资于小学和初中阶段的全日制义务教育。在过去的几年，教育部已经成功地将全日制义务教育覆盖了中国农村所有的地区。[1] 全日制义务教育的目的是为农村地区的孩子提供至少九年的免费教育。如果这样的目标可以实现，那么在下一代的村民当中，普遍性信任一定会得到提高。

除了义务教育，新闻出版总署还发起了一个叫做"农家书屋"的项目。[2] 根据这一项目的初衷，政府承诺提供财政专项支持资金在中国的每一个乡村都建立一个农家书屋。农家书屋为村民提供当天的报纸和其他与农民日常生活和技能培训有关的基本书籍。如果这个计划在中国农村得到很好的贯彻，那么它会极大地帮助培育村民间的普遍性信任、提高他们的政治效能感，使他们更积极地参与农村基层治理的民主过程。

三 新的发展范式与策略

最后值得我们注意的是，在非西方式的转型社会，社会资本在促进社会经济发展中的作用总是很复杂的。许多学者都在这一领域进行着坚持不懈的研究，因为这是一个非常重要的课题。对于社会资本作用的充分理解有助于我们更准确地揭示和预测在非西方式的转型国家中的社会经济发展的方向和道路。有一些学者甚至认为社会资本是一种理解发展的新的范式。[3] 正如本书一开头所引用的斯蒂格利茨的观点，社会资本理论代表了发展领域研究的第三次范式革命：第一代发展理论的范式强调实物资本的

---

[1] 国家统计局编《中国统计年鉴——2006》，中国统计出版社，2006。
[2] 柳斌杰：《贯彻落实中央精神，动员社会各界力量，全面推进农家书屋工程建设》，《中国出版》2007年第9期。
[3] Jonathan Murdoch, "Networks: A New Paradigm of Rural Development," *Journal of Rural Studies* 16, no. 4 (2000): 407–419; Woolcock and Narayan, "Social Capital: Implications for Development Theory, Research, and Policy."

重要性，第二代发展理论的范式强调人力资本，第三代发展理论的范式则强调社会资本。

斯蒂格利茨批判了传统发展范式的局限性，尤其是批判了新自由主义的华盛顿共识，他认为以华盛顿共识为代表的传统范式过于强调私有产权以及市场自由化，而忽视了对社会基础设施（social infrastructure）的建设，这些社会基础设施就是社会资本。他强调说，新的发展远景需要包括一个制度转型的观念，这一转型需要创造新的社会资本和培育新的社会行动能力，在某些情况下，新的社会资本会取代传统社会制度，这些传统社会制度在发展过程中不可避免地会被削弱。在其他情况下，新的社会资本的培育将会包含着旧的社会制度，传统社会制度会有一个进化和适应现代化的过程。这些转换可能会很困难，也难于被阐明或执行。[1]

斯蒂格利茨特别强调了社会自身的能力建设（capacity-building）。他认为，传统社会由于存在着多种传统社会制度（即传统社会资本）而有着很强的社会行动能力[2]。但是，伴随着现代化的进程以及市场化的改革，很多传统社会制度瓦解了，与此同时，现代性的社会制度（即现代社会资本）并没有能够应运而生，就使得非西方式的转型社会在现代化的过程之中丧失了社会行动能力，社会处于一种无组织的真空状况，而这对于一个国家的长远发展来说是致命的。

现代性的社会资本是不可能从国外引进的，它必须从一个国家的内部进行自我增长。所以，在这个意义上，社会资本是有别于实物资本以及人力资本的，因为实物资本与人力资本都是可以从国外直接引进的，而现代性的社会资本是不可以的。而且，一个转型社会能够在多大程度上引进和消化从国外流入的实物资本与人力资本，实际上是由这个社会所建立起来的现代社会资本所左右的。总而言之，斯蒂格利茨得出结论说，一个转型社会进行改革和实现现代化的速度最终是由这个社会培育现代社会资本和建立社会行动能力的速度所决定的。

---

[1] Joseph E. Stiglitz: Towards a New Paradigm for Development: Strategies, Policies, and Processes (paper presented at United Nations Conference on Trade and Development, Geneva, October 19, 1998).

[2] Joseph E. Stiglitz, "Formal and Informal Institutions," in Partha Dasgupta and Ismail Serageldin, eds., *Social Capital: A Multifaceted Perspective* (Washington, DC: World Bank, 2000), pp. 59 – 68.

第七章 总结

从这个意义上讲,我国政府在农村发展之中,注意培育现代跨越型社会资本,加强农村社会自身行动能力的建设,就显得尤为重要,因为这决定了我国农村地区的现代化进程是否能够顺利完成。本书的研究实际上尝试为我国农村的发展路径提供一个新的范式与蓝图,尽管设计发展蓝图永远是非常困难的。基于上述三方面的政策建议,本书在最后提供了一个关于我国农村发展的路线图,试图为我国农村地区的现代化进程勾勒出一个粗线条的目标与实现手段。

在图7-3所演示的路线里,起点是传统的基于农业社会的农村社区。在这样的传统农村社区里,乡绅与宗族网络占据了农村治理的重要位置,村民之间盛行的是基于血缘关系的特殊性信任。随着经济与社会的发展,政府推行了一系列措施,诸如改革农村的基层治理结构,鼓励农民组织的发展,扩大义务教育的范围以及建立农家书屋等,推动了农村社区的转型,农村社会里盛行的规则开始出现松动与改变。具体来说,传统的紧密型社会资本开始瓦解,新的开放性网络开始建立起来,人们之间的信任开始不再基于血缘关系而转向现代的普遍性信任。随着现代性的跨越型社会资本在农村社区里的形成与发展,其积极效应开始显现,并推动农村社区最终迈向现代化:实现工业化、城镇化与现代的民主治理。

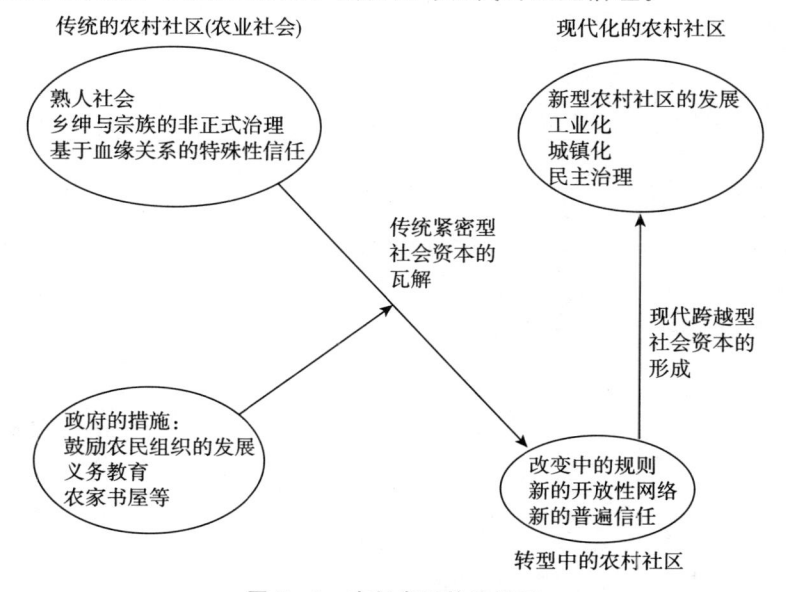

图7-3 农村发展的路线图

笔者勾绘这样一幅农村发展蓝图是为了提供寻求解决农村发展这一问题的更好路径，也是一种有益的尝试，主要是为了把社会资本的理论应用于中国农村的研究之中。尽管囿于笔者的学识以及研究过程中存在的研究误差，本研究尚存在一些不足，但是它为探讨社会资本在发展中国家的政治经济发展中所起的作用进行了有益的尝试，并且为今后的进一步研究提供了广阔的空间。

参考文献

中文文献

边燕杰：《城市居民社会资本的来源及作用：网络观点与调查发现》，《中国社会科学》2004年第3期。

边燕杰、张磊：《论关系文化与关系社会资本》，《人文杂志》2013年第1期。

陈捷、卢春龙：《共通性社会资本与特定性社会资本——社会资本与中国的城市基层治理》，《社会学研究》2009年第6期。

陈捷、呼和·那日松、卢春龙：《社会信任与基层社区治理效应的因果机制》，《社会》2011年第6期。

陈大斌：《从合作化到公社化：中国农村的集体化时代》，新华出版社，2011。

方竹兰：《中国体制转轨过程中的社会资本积累》，《中国人民大学学报》2002年第5期。

高石磊：《中国社会公共精神的缺失与构建》，《求实》2014年第6期。

国家统计局编《中国统计年鉴——2006》，中国统计出版社，2006。

国家统计局农村社会经济调查司编《中国农村统计年鉴——2007》，中国统计出版社，2007。

国家统计局农村社会经济调查司编《中国农村住户调查年鉴——2007》，中国统计出版社，2007。

国家统计局人口与就业统计司，劳动部综合计划与工资司编《中国劳动统计年鉴——2008》，中国统计出版社，2008。

韩俊等：《破解三农难题——30年农村改革与发展》，中国发展出版社，2008。

胡荣：《社会资本与中国农村居民的地域性自主参与》，《社会学研究》

2006年第2期。

胡荣：《社会资本与城市居民的政治参与》，《社会学研究》2008年第5期。

胡荣、胡康：《城乡居民社会资本构成的差异》，《公安研究》2009年第4期。

黄相怀：《社会资本与民主发展》，《科学社会主义》2006年第2期。

黄建宏：《中国农村经济解难》，中国经济出版社，2005。

江潭瑜：《中国新农村调查》，人民出版社，2007。

刘祯哲：《试析提升我国慈善事业公信力的对策——以中美两国慈善事业之比较为视角》，《天中学刊》2014年第2期。

李新鑫：《中国文化背景下的慈善事业的源起与西方社会的慈善的发展的比较》，《科技致富向导》2014年第2期。

李超玲、钟洪：《非政府组织社会资本：概念、特征及其相关问题研究》，《江汉论坛》2007年第4期。

黎珍：《社会资本与市民社会》，《贵州社会科学》2008年第1期。

梁建东：《公共精神与公民社会——一种培育公共精神的新视角》，《北京观察》2002年第12期。

柳斌杰：《贯彻落实中央精神，动员社会各界力量，全面推进农家书屋工程建设》，《中国出版》2007年第9期。

卢春龙：《社会信任与我国城市社区治理》，《华中师范大学学报》（人文社会科学版）2009年第3期。

吕永红、刘闻：《基于社会资本框架下的民族关系治理新理念》，《内蒙古社会科学》2007年第1期。

毛泽东：《中国农民中各阶级的分析及其对于革命的态度》，《中国农民》1926年第1期。

马得勇：《乡村社会资本的政治效应：基于中国20个乡镇的比较研究》，《经济社会体制比较》2013年第6期。

孟天广、马全军：《社会资本与公民参与意识的关系研究——基于全国代表性样本的实证分析》，《中国行政管理》2011年第3期。

苗月霞：《社会资本视域中的中国农村村民自治运作绩效》，《河北学刊》2005年第3期。

裴志军：《制度刚性下的村民自治参与：社会资本与政治效能感的作

用》,《农业经济问题》2013年第5期。

彭泗清:《信任的建立机制:关系运作与法制手段》,《社会学研究》1999年第2期。

瞿振元、李小云、王秀清主编《中国社会主义新农村建设研究》,社会科学文献出版社,2006。

邱泽奇:《当代中国社会分层状况的变迁》,河北大学出版社,2004。

苏媛媛:《青年组织与社会资本》,《中国青年研究》2012年第12期。

王伟等主编《农村经济发展问题研究》,中国农业出版社,2007。

王妮丽:《NPO与社会资本的构建》,《广西社会科学》2006年第12期。

夏国锋、邬家峰、王啸、陈长平:《村庄类型与农民公共精神的差异性呈现——胜利村、南坝村和十里村的比较》,《西北农林科技大学学报》(社会科学版)2013年第3期。

夏国锋:《农民的生活伦理与公共精神及其对新农村文化建设的政策启示——基于5省20村的调查》,《农业经济问题》2011年第12期。

肖唐镖、史天健:《当代中国农村宗族与乡村治理:跨学科的研究与对话》,西北大学出版社,2002。

徐勇:《中国农村村民自治》,华中师范大学出版社,1997。

杨荣:《社会资本的缺失与重建——以中国城市社区发展为视角》,《山东科技大学学报》(社会科学版)2004年第3期。

张文宏:《中国社会网络与社会资本研究30年(上)》,《江海学刊》2011年第2期。

张文宏:《中国社会网络与社会资本研究30年(下)》,《江海学刊》2011年第3期。

张文宏:《阶层地位对城市居民社会网络性质的影响》,《社会》2005年第4期。

张爱民:《关于培育我国当前社会公共精神的思考》,《学理论》2013年第29期。

赵延东:《再就业中的社会资本:效用与局限》,《社会学研究》2002年第4期。

赵延东、罗家德:《如何测量社会资本:一个经验研究综述》,《国外社会科学》2005年第2期。

中国社会科学院农村发展研究所:《中国农村经济形势分析与预测

2006—2007》,社会科学文献出版社,2007。

周玉:《社会网络资本与干部职业地位获得》,《社会》2006年第1期。

朱旭峰:《中国政策精英群体的社会资本:基于结构主义视角的分析》,《社会学研究》2006年第4期。

朱全景:《社会资本与全球治理》,《中央社会主义学院学报》2011年第1期。

〔美〕艾尔·巴比:《社会研究方法》(第10版),邱泽奇译,华夏出版社,2005。

英文文献

Alagappa, Muthiah. *Civil Society and Political Change in Asia: Expanding and Contracting Democratic Space.* Stanford: Stanford University Press, 2004.

Almond, Gabriel, and Sidney Verba. *The Civic Culture: Political Attitudes and Democracy in Five Nations.* Princeton: Princeton University Press, 1963.

Bahry, Donna, and Brian D. Silver. "Soviet Citizen Participation on the Eve of Democratization." *American Political Science Review* 84 (1990).

Baron, Stephen, John Field, and Tom Schuller. *Social Capital: Critical Perspectives.* Oxford: Oxford University Press, 2000.

Baum, Frances. "Social Capital, Economic Capital and Power: Further Issues for a Public Health Agenda." *Journal of Epidemiological Community Health* 54, no. 6 (2000).

Bernstein, Thomas P., and Xiaobo Lü. *Taxation without Representation in Contemporary Rural China.* Cambridge: Cambridge University Press, 2003.

Beugelsdijk, Sjoerd, and Ton van Smulders. "Social Capital and Growth in European Regions: An Empirical Test." *European Journal of Political Economy* 21 (2005).

Bianco, Lucien, and Muriel Bell. *Origins of the Chinese Revolution, 1915–1949.* Stanford: Stanford University Press, 1971.

Boix, Carles, and Daniel Posner. "Social Capital: Explaining Its Origins and Effects on Government Performance." *British Journal of Political Science* 28, no. 4 (1998).

Booth, John A., and Patricia Bayer Richard. "Civil Society, Political Capital, and Democratization in Central America." *Journal of Politics* 60, no. 3 (1998).

Bourdieu, Pierre. "The Forms of Capital." In *Handbook of Theory and Research for the Sociology of Education*, ed. John G. Richardson. New York: Greenwood Press, 1986.

Brandt, Loren, Jikun Huang, Guo Li, and Scott Rozelle. "Land Rights in Rural China: Facts, Fictions and Issues." *China Journal* 47 (2002).

Brehm, John, and Wendy Rahn. "Individual-Level Evidence for the Causes and Consequences of Social Capital." *American Journal of Political Science* 41, no. 3 (1997).

Burns, John P. *Political Participation in Rural China.* Berkeley: University of California Press, 1988.

Byrne, Barbara M. *Structural Equation Modeling with AMOS: Basic Concepts, Applications, and Programming.* Mahwah, New Jersey: Lawrence Erlbaum Associates, Publishers, 2001.

Callahan, William A. "Social Capital and Corruption: Vote Buying and the Politics of Reform in Thailand." *Perspectives on Politics* 3, no. 3 (2005).

Casey, Terrence, and Kevin Christ. "Social Capital and Economic Performance in the American States." *Social Science Quarterly* 86, no. 4 (2005).

Chao, Paul. *Chinese Kinship.* London: Kegan Paul International, 1983.

Chen, Jie. "Subjective Motivations for Mass Political Participation in Urban China." *Social Science Quarterly* 81 (2000).

———. *Popular Political Support in Urban China.* Stanford: Stanford University Press, 2004.

———. "Popular Support for Village Self-Government in China: Intensity and Source." *Asian Survey* 45, no. 6 (2005).

Chen Jie, and Chunlong Lu. "Social Capital in Urban China: Attitudinal and Behavioral Effects on Grassroots Self-Government." *Social Science Quarterly* 88, no. 2 (2007).

Chen, Jie, and Peng Deng. *China since Culture Revolution: From Totalitarianism to Authoritarianism.* Westport, Conn.: Praeger, 1995.

Chen, Jie, and Yang Zhong. "Defining the Political System of Post-Deng China: Emerging Public Support for a Democratic Political System." *Problems of Post-Communism* 45, no. 1 (1998).

———. "Valuation of Individual Liberty vs. Social Order among Democratic Supporters: A Cross-Validation." *Political Research Quarterly* 53, no. 2 (2000).

Christoforou, Asimina. "On the Determinants of Social Capital in Greece Compared to Countries of the European Union." FEEM Working Paper No. 68, Fondazione Enrico Mattei, Milano, 2005.

Chu, Yun-han, and Yu-tzung Chang. "Culture Shift and Regime Legitimacy: Comparing Mainland China, Taiwan, and Hong Kong." In *Chinese Political Culture, 1989–2000*, ed. Shiping Hua. Armonk, NY: M. E. Sharpe, 2001.

Coleman, James. *Foundations of Social Theory*. Cambridge: Harvard University Press, 1990.

Dahl, Robert A. *Polyarchy: Participation and Opposition*. New Haven: Yale University Press, 1971.

Dalton, Russell J. *Citizen Politics: Public Opinion and Political Parties in Advanced Industrial Democracies*. Chatham, N. J.: Chatham House Publishers, Inc., 1988.

———. "Civil Society, Social Capital, and Democracy." In *Citizens, Democracy, and Markets around the Pacific Rim: Congruence Theory and Political Culture*, ed. Russell J. Dalton and Doh Chull Shin, 113–134. New York: Oxford University Press, 2006.

Diamond, Larry. "Rethinking Civil Society: Toward Democratic Consolidation." *Journal of Democracy* 5, no. 3 (1994).

———. *Developing Democracy: Toward Consolidation*. Baltimore and London: The Johns Hopkins University Press, 1999.

Dickson, Bruce. *Red Capitalists in China: The Party, Private Entrepreneurs, and Prospects for Political Change*. New York: Cambridge University Press, 2003.

Dore, Ronald. *Taking Japan Seriously: A Confucian Perspective on Leading Economic Issues*. Stanford: Stanford University Press, 1987.

Dowd, Daniel V., Allen Carlson, and Mingming Shen. "The Prospects for Democratization in China: Evidence from the 1995 Beijing Area Study." In *China and Democracy: Reconsidering the Prospects for a Democratic China*, ed. Suisheng Zhao. New York: Routledge, 2000.

Duara, Prasenjit. *Culture, Power, and the State: Rural North China, 1900 – 1942*. Stanford: Stanford University Press, 1988.

Evera, Stephen Van. *Guide to Methods for Students of Political Science*. Ithaca: Cornell University Press, 1997.

Fei, Hsiao-tung. *China's Gentry: Essays in Rural-Urban Relations*. Chicago: University of Chicago Press, 1972.

Foley, Michael W., and Bob Edwards. "The Paradox of Civil Society." *Journal of Democracy* 7, no. 3 (1996).

Fukuyama, Francis. "Confucianism and Democracy." *Journal of Democracy* 6, no. 2 (1995).

―――. *Trust: The Social Virtues and the Creation of Prosperity*. New York: The Free Press, 1995.

―――. "Social Capital, Civil Society and Development." *Third World Quarterly* 22, no. 1 (2001).

―――. "Social Capital and Development: The Coming Agenda." *SAIS Review* 22, no. 1 (2002).

Gebremedhin, Berhanu, John Pender, and Girmay Tesfay. "Collective Action for Grazing Land Management in Crop-livestock Mixed Systems in the Highlands of Northern Ethiopia." *Agricultural Systems* 82, no. 3 (2004).

Grootaert, Christian, and Deepa Narayan. "Local Institutions, Poverty and Household Welfare in Bolivia." *World Development* 32, no. 7 (2004).

Guo, Zhenglin, and Thomas P. Bernstein. "The Impact of Elections on the Villages Structure of Power: The Relations between the Village Committees and the Party Branches." *Journal of Contemporary China* 13 (2004).

Hall, Peter A. "Social Capital in Britain." *British Journal of Political Science* 29 (1999).

―――. "Great Britain: The Role of Government and Distribution of Social Capital." In *Democracies in Flux: The Evolution of Social Capital in Contempora-*

ry Society, ed. Robert Putnam. New York: Oxford University Press, 2002.

Halpern, David. Social Capital. Cambridge, UK: Polity, 2005.

Helliwell, John, and Robert Putnam. "Economic Growth and Social Capital in Italy." *Eastern Economic Journal* 21, no. 3 (1995).

Hsiao, Hsin-huang Michael. "Agricultural Strategies and Rural Social Changes in Communist China since 1949: A Macrosociological Assessment." In *Power and Policy in the PRC*, ed. Yu-ming Shaw. Boulder and London: Westview Press, 1985.

Hsiao, Kung-chua. *Rural China: Imperial Control in the Nineteenth Century*. London: University of Washington Press, 1967.

Hua, Shiping "Introduction: Some Paradigmatic Issues in the Study of Chinese Political Culture." In *Chinese Political Culture, 1989 – 2000*, ed. Shiping Hua. Armonk, NY: M. E. Sharpe, 2001.

Huang, Jikun, and Scott Rozelle. "Trade Liberalization, WTO and China's Food Economy in the 21st Century: Larger, Modest, or Little Impacts?" Trade Working Papers No. 191, East Asian Bureau of Economic Research, 2001.

Huang, Philip. *The Peasant Economy and Social Change in North China*. Stanford: Stanford University Press, 1985.

Huang, Yasheng. "Web of Interests and Patterns of Behaviors of Chinese Local Economic Bureaucracies and Enterprises during Reform." *China Quarterly* 123 (1990).

Huntington, Samuel P. *The Third Wave: Democratization in the Late Twentieth Century*. Norman: University of Oklahoma Press, 1991.

Ikeda, Ken'ichi and Sean E. Richey. "Japanese Network Capital: The Impact of Social Networks on Japanese Political Participation." *Political Behavior* 27, no. 3 (2005).

Inglehart, Ronald. *Modernization and Postmodernization: Cultural, Economic and Political Change in 43 Societies*. Princeton: Princeton University Press, 1997.

———. "Trust, Welling-Being and Democracy." In *Democracy and Trust*, ed. Mark Warren. Cambridge: Cambridge University Press, 1999.

Inglehart, Ronald, and Christian Welzel. "Political Culture and

Democracy." In *New Directions in Comparative Politics 3rd Edition*, ed. Howard J. Wiarda. Boulder, CO: Westview Press, 2002.

Inkeles, Alex. "Measuring Social Capital and Its Consequences." *Policy Sciences* 33 (2000).

Jackman, Robert W., and Ross A. Miller. "Social Capital and Politics." *Annual Review of Political Science* 1 (1998).

Jennings, M. Kent. "Political Participation in the Chinese Countryside." *American Political Science Review* 91 (1997).

Ke, Rongzhu, and Weiying Zhang. "Trust in China: A Cross-Regional Analysis." William Davidson Institution Working Paper No. 586, William Davidson Institution, 2003.

Kelliher, Daniel. "The Chinese Debate over Village Self-Government." *China Journal* 37 (1997).

Kennedy, John James. "The Face of 'Grassroots Democracy' in Rural China: Real Versus Cosmetic Elections." *Asian Survey* 42, no. 3 (2002).

Kline, Rex B. *Principle and Practice of Structural Equation Modeling*. New York: Guilford Press, 1998.

Knack, Stephen. "Social Capital and the Quality of Government: Evidence from the States." *American Journal of Political Science* 46, no. 4 (2002).

Knack, Stephen, and Philip Keefer. "Does Social Capital Have an Economic Payoff? A Cross-Country Investigation." *Quarterly Journal of Economics* 112, no. 4 (1997).

Krishna, Anirudh. *Active Social Capital: Tracing the Roots of Development and Democracy*. New York: Columbia University Press, 2002.

Krishna, Anirudh, and Norman Uphoff. "Mapping and Measuring Social Capital: A Conceptual and Empirical Study of Collective Action for Conserving and Developing Watersheds in Rajasthan, India." Social Capital Initiative Working Paper No. 13, Washington, D. C.: The World Bank, 1999.

Lake, Ronald La Due, and Robert Huckfeldt. "Social Capital, Social Networks, and Political Participation." *Political Psychology* 19, no. 3 (1998).

Lane, Robert E. *Political Life: Why People Get Involved in Politics*. Glencoe, Ⅲ.: Free Press, 1959.

Lawrence, Susan V. "Democracy, Chinese Style." *Australian Journal of Chinese Affairs* 32 (1994).

Levi, Margaret. "Social and Unsocial Capital." *Politics and Society* 24, no. 1 (1996).

Li, Lianjiang, and Kevin J. O'Brien. "Protest Leadership in Rural China." *China Quarterly* 193 (2008).

Lin, Nan. "Building a Network Theory of Social Capital." *Connections* 22, no. 1 (1999).

──────. *Social Capital: A Theory of Social Structure and Action.* Cambridge: Cambridge University Press, 2001.

Lin, Nan, and Mary Dumin. "Access to Occupations through Social Ties." *Social Networks* 8 (1986).

Manion, Melanie. "The Electoral Connection in the Chinese Countryside." *American Political Science Review* 90 (1996).

──────. "Survey Research in the Study of Contemporary China: Learning from Local Sample." *China Quarterly* 139 (1994).

McLean, Scott L., David A. Schultz, and Manfred B. Steger. *Social Capital: Critical Perspectives on Community and "Bowling Alone".* New York: New York University Press, 2002.

Milbrath, Lester W. *Political Participation: How and Why Do People Get Involved in Politics?* Chicago: Rand McNally College Publishing Company, 1977.

Montinola, Gabriella, Yingyi Qian, and Barry R. Weingast. "Federalism, Chinese Style: The Political Basis for Economic Success." *World Politics* 48, no. 1 (1996).

Morris, Matthew. "Social Capital and Poverty in India." Working Paper No. 61, Institute of Development Studies, Sussex, 1998.

Murdoch, Jonathan. "Networks—A New Paradigm of Rural Development." *Journal of Rural Studies* 16, no. 4 (2000).

Narayan, Deepa, and Lant Pritchett. "Social Capital: Evidence and Implications." In *Social Capital: A Multifaceted Perspective*, ed. Partha Dasgupta and Ismail Serageldin. Washington, DC: World Bank, 2000.

Nathan, Andrew J. "Is Chinese Culture Distinctive?" *The Journal of Asian*

Studies 52, no. 4 (1993).

Naughton, Barry. *The Chinese Economy, Transitions and Growth.* Cambridge: The Massachusetts Institute of Technology Press, 2007.

Newton, Kenneth. "Social Capital and Democracy." *American Behavioral Scientist* 40, no. 5 (1997).

——. "Social and Political Trust in Established Democracies." In *Critical Citizens: Global Support for Democratic Governance*, ed. Pippa Norris. New York: Oxford University Press, 1999.

Nie, Norman H., G. Bingham Powell, Jr. and Kenneth Prewitt. "Social Structure and Political Participation: Developmental Relationships, Part I." *American Political Science Review* 63 (1969).

——. "Social Structure and Political Participation: Developmental Relationships, Part II." *American Political Science Review* 63 (1969).

Nyhan, Ronald C. "Changing the Paradigm: Trust and Its Role in Public Sector Organizations." *The American Review of Public Administration* 30, no. 1 (2000).

O'Brien, Kevin J. "Rightful Resistance." *World Politics* 49, no. 1 (1996).

O'Brien, Kevin J., and Lianjiang Li. "Accommodating 'Democracy' in a One-Party State: Introducing Village Elections in China." *China Quarterly* 162 (2000).

——. *Rightful Resistance in Rural China.* New York and Cambridge: Cambridge University Press, 2006.

Oi, Jean C. "Fiscal Reform and the Economic Foundations of Local State Corporatism in China." *World Politics* 45, no. 1 (1992).

——. "Economic Development, Stability and Democratic Village Self-governance." In *China Review 1996*, ed. Maurice Brosseau, Suzanne Pepper and Tsang Shu-ki. Hong Kong: Chinese University of Hong Kong, 1996.

——. *Rural China Takes Off: Institutional Foundations of Economic Reform.* Berkeley: University of California Press, 1999.

Oi, Jean C., and Scott Rozelle. "Elections and Power: The Locus of Decision-Making in Chinese Villages." *China Quarterly* 162 (2000).

Olsen, Mancur. *The Logic of Collective Action: Public Goods and the Theory of Groups.* Cambridge, Mass.: Harvard University Press, 1965.

Parish, Kristin. "Local Initiative and National Reform: The Wenzhou Model of Development." *China Quarterly* 134 (1993).

Park, Albert, and Minggao Shen. "Joint Liability Lending and the Rise and Fall of China's Township and Village Enterprises." *Journal of Development Economics* 71, no. 2 (2003).

Pastor, Robert A., and Qingshan Tan. "The Meaning of China's Village Elections." *China Quarterly* 162 (2000).

Paxton, Pamela. "Is Social Capital Declining in the United States? A Multiple Indicator Assessment." *American Journal of Sociology* 105, no. 1 (1999).

Pearson, Margaret M. "The Janus Face of Business Associations in China: Socialist Corporatism in Foreign Enterprises." *The Australian Journal of Chinese Affairs* 31 (1994).

Perez-Diaz, Victor. "From Civil War to Civil Society: Social Capital in Spain from the 1930s to the 1990s." In *Democracies in Flux: The Evolution of Social Capital in Contemporary Society*, ed. Robert Putnam. New York: Oxford University Press, 2002.

Piattoni, Simona. "Can Politics Create Community? Evidence from the Italian South." Paper presented at the 1998 meeting of the American Political Science Association, Boston, September 3–6, 1998.

Pitkin, Hannah F. *The Concept of Representation.* Berkeley: University of California, 1967.

Portney, Kent E., and Jeffrey M. Berry. "Mobilizing Minority Communities: Social Capital and Participation in Urban Neighborhoods." *American Behavioral Scientist* 40, no. 5 (1997).

Putnam, Robert. "Tuning In, Tuning Out: The Strange Disappearance of Social Capital in America." *PS: Political Science and Politics* 27, no. 4 (1995).

————. *Bowling Alone: Collapse and Revival of American Community.* New York: Simon & Schuster, 2000.

Putnam, Robert, and Kristin A. Goss. "Introduction." In *Democracies in*

Flux: The Evolution of Social Capital in Contemporary Society, ed. Robert Putnam. New York: Oxford University Press, 2002.

Putnam, Robert, Robert Leonardi, and Raffaella Nanetti. *Making Democracy Work: Civic Traditions in Modern Italy*. Princeton: Princeton University Press, 1993.

Pye, Lucian W. *The Mandarin and the Cadre: China's Political Cultures*. Ann Arbor: Center for Chinese Studies, the University of Michigan, 1988.

_____. *The Spirit of Chinese Politics*. Cambridge: Harvard University Press, 1992.

_____. "Civility, Social Capital, and Civil Society: Three Powerful Concepts for Explaining Asia." *Journal of Interdisciplinary History* 29, no. 4 (1999).

Rice, Tom W. "Social Capital and Government Performance in Iowa Communities." *Journal of Urban Affairs* 43, no. 3-4 (2001).

Ritchey-Vance, Marion. *Social Capital, Sustainability and Working Democracy: New Yardsticks for Grassroots Development*. Arlington, VA: Inter-American Foundation, 1996.

Rosenstone, Steven J., and John Mark Hansen. *Mobilization, Participation, and Democracy in America*. New York: Macmillan Publishing Company, 1993.

Rupasingha, Anil, Stephan J. Goetz, and David Freshwater. "Social and Institutional Factors as Determinants of Economic Growth: Evidence from the United States Counties." *Papers in Regional Science* 81, no. 2 (2002).

Saich, Tony. "Negotiating the State: The Development of Social Organizations in China." *China Quarterly* 161 (2000).

_____. *Governance and Politics of China*. New York: Palgrave, 2001.

Saxton, Gregory, and Michelle A. Benson. "Social Capital and the Growth of the Nonprofit Sector." *Social Science Quarterly* 86, no. 1 (2005).

Schak, David C., and Wayne Hudson. *Civil Society in Asia*. Aldershot: Ashgate Publishing, Ltd., 2003.

Schneider, Mark, Paul Teske, Melissa Marschall, Michael Mintrom, and Christine Roch. "Institutional Arrangements and the Creation of Social Capital:

The Effects of Public School Choice." *American Political Science Review* 91, no. 1 (1997).

Schuller, Tom. "The Complementary Roles of Human and Social Capital." *Isuma: Canadian Journal of Policy Research* 2, no. 1 (2001).

Schurmann, Franz. *Ideology and Organization in Communist China*. Berkeley: University of California Press, 1968.

Scott, John. *Social Network Analysis: A Handbook*. London: Sage, 1991.

Shi, Tianjian. *Political Participation in Beijing*. Cambridge: Harvard University Press, 1997.

――――. "Village Committee Elections in China: Institutionalist Tactic for Democracy." *World Politics* 51, no. 3 (1999).

――――. "Economic Development and Village Elections in Rural China." *Journal of Contemporary China* 8, no. 22 (1999).

――――. "Cultural Values and Democracy in the People's Republic of China." *China Quarterly* 162 (2000).

Shirk, Susan L. *The Logic of Economic Reform in China*. Berkeley: University of California Press, 1993.

Shue, Vivienne. *The Reach of the State, Sketches of the Chinese Body Politic*. Stanford: Stanford University Press, 1988.

Skocpol, Theda. *States and Social Revolutions: A Comparative Analysis of France, Russia and China*. Cambridge: Cambridge University Press, 1979.

――――. "From Membership to Advocacy." In *Democracies in Flux: The Evolution of Social Capital in Contemporary Society*, ed. Robert Putnam. New York: Oxford University Press, 2002.

Stiglitz, Joseph E. "Formal and Informal Institutions." In *Social Capital: A Multifaceted Perspective*, ed. Partha Dasgupta and Ismail Serageldin. Washington, DC: World Bank, 2000.

Joseph E. Stiglitz, "Towards a New Paradigm for Development: Strategies, Policies, and Processes." Given as the 1998 Prebisch Lecture at United Nations Conference on Trade and Development, Geneva, October 19, 1998.

Stolle, Dietlind, and Thomas Rochon. "Are All Associations Alike? Member Diversity, Associational Type and the Creation of Social Capital." *American

Behavioral Scientists 42, no. 1 (1998).

Su, Fubing, and Dali Yang. "Elections, Governance, and Accountability in Rural China." *Asian Perspective* 29, no. 4 (2005).

Sullivan, John L., and J. E. Transue. "The Psychological Underpinnings of Democracy: A Selective Review of Research on Political Tolerance, Interpersonal Trust, and Social Capital." *Annual Review of Psychology* 50, no. 1 (1999).

Tang, Wenfang. *Public Opinion and Political Change in China*. Stanford: Stanford University Press, 2005.

Tang, Wenfang, and William L. Parish. *Chinese Urban Life under Reform: The Changing Social Contract*. Cambridge: Cambridge University Press, 2000.

Tavits, Margit. "Making Democracy Work More? Exploring the Linkage between Social Capital and Government Performance." *Political Research Quarterly* 59, no. 2 (2006).

Tocqueville, Alexis de. *Democracy in America*, edited by J. P. Mayer and Max Lerner, translated by George Lawrence. New York: Harper and Row, 1966.

Torsvik, Gaute. "Social Capital and Economic Development: A Plea for the Mechanism." *Rationality and Society* 12, no. 4 (2000).

――――. "Social Capital and Economic Development: A Plea for Mechanisms." In *Investigating Social Capital: Comparative Perspectives on Civil Society, Participation and Governance*, ed. Sanjeev Prakash and Per Selle. New Delhi: Sage publications, 2004.

Tsai, Lily Lee. "Cadres, Temple and Lineage Institutions, and Governance in Rural China." *The China Journal* 48 (2002).

――――. "Solidary Groups, Informal Accountability, and Local Public Goods Provision in Rural China." *American Political Science Review* 101, no. 2 (2007).

――――. *Accountability without Democracy: Solidary Groups and Public Goods Provision in Rural China*. Cambridge: Cambridge University Press, 2007.

Turabian, Kate L. *A Manual for Writers of Research Papers, Theses, and Dissertations: Chicago Style for Students and Researchers*, 7th edition. Chicago:

University of Chicago Press, 2007.

Unger, Jonathan. "The Class System in Rural China: A Case Study." In *Class and Social Stratification in Post-Revolution China*, ed. James L. Watson. Cambridge: Cambridge University Press, 1984.

Unger, Jonathan, and Anita Chan. "China, Corporatism, and the East Asian Model." *The Australian Journal of Chinese Affairs* 33 (1995).

———. "Corporatism in China: A Developmental State in an East Asian Context." In *China after Socialism: In the Footsteps of Eastern Europe or East Asia?* ed. Barrett L. McCormick and Jonathan Unger. Armonk: M. E. Sharpe, 1996.

Uphoff, Norman. "Understanding Social Capital: Learning from the Analysis and Experience of Participation." In *Social Capital: A Multifaceted Perspective*, ed. Partha Dasgupta and Ismail Serageldin. Washington, DC: World Bank, 2000.

Uslaner, Eric. "Democracy and Social Capital." In *Democracy and Trust*, ed. Mark Warren. Cambridge: Cambridge University Press, 1999.

———. *The Moral Foundations of Trust*. New York: Cambridge University Press, 2002.

Verba, Sidney, and Norman H. Nie. *Participation in America: Political Democracy and Social Equality*. New York: Harper & Row, Publishers, 1972.

Verba, Sidney, Kay Lehman Schlozman, and Henry E. Brady. *Voice and Equality: Civic Voluntarism in American Politics*. Cambridge, Mass.: Harvard University Press, 1995.

Verba, Sidney, Norman Nie, and Jae-on Kim. *Participation and Political Equality: A Seven-Nation Comparison*. New York: Cambridge University Press, 1978.

Wakeman, Frederic Jr., and Carolyn Grant. *Conflict and Control in Late Imperial China*. Berkeley: University of California Press, 1976.

Walder, Andrew G. "Zouping in Perspective," in *Zouping in Transition: The Process of Reform in Rural North China*, ed. Andrew G. Walder. Cambridge, Mass.: Harvard University Press, 1998.

Wallis, Joe, and Brian Dollery. "Social Capital and Local Government Capacity." *Australian Journal of Public Administration* 61, no. 3 (2002).

Wang, Xu. "Mutual Empowerment of State and Peasantry: Grassroots Democracy in Rural China." *World Development* 25, no. 9 (1997).

Wang, Yanlai, Nicholas Rees, and Bernadette Andreosso-O'Callaghan. "Economic Change and Political Development in China: Findings from a Public Opinion Survey." *Journal of Contemporary China* 13 (2004).

Weber, Max. *The Religion of China: Confucianism and Taoism*. Glencoe, Ⅲ.: The Free Press, 1951.

White, Gordon, Jude Howell, and Shang Xiaoyuan. *In Search of Civil Society: Market Reform and Social Change in Contemporary China*. Oxford: Clarendon Press, 1996.

Whiting, Susan H. *Power and Wealth in Rural China: The Political Economy of Institutional Change*. Cambridge: Cambridge University Press, 2001.

Woolcock, Michael. "Social Capital and Economic Development: Toward a Theoretical Synthesis and Policy Framework." *Theory and Society* 27, no. 2 (1998).

──────. "Microenterprise and Social Capital: A Framework for Theory, Research, and Policy." *The Journal of Socio-Economics* 30, no. 2 (2001).

──────. "The Place of Social Capital in Understanding Social Capital and Economic Outcomes." *Isuma: Canadian Journal of Policy Research* 2, no. 1 (2001).

Woolcock, Michael, and Deepa Narayan. "Social Capital: Implications for Development Theory, Research, and Policy." *The World Bank Observer* 15, no. 2 (2000).

Wuthnow, Robert. *Loose Connections: Civic Involvement in America's Fragmented Communities*. Cambridge: Harvard University Press, 1998.

Xiao, Gongquan. *Rural China: Imperial Control in the Nineteenth Century*. Seattle, University of Washington Press, 1960.

Zhong, Yang. *Local Government and Politics in China: Challenges from Below*. Armonk: M. E. Sharpe, 2003.

Zhong, Yang, and Jie Chen. "To Vote or Not to Vote: An Analysis of Peasants' Participation in Chinese Village Elections." *Comparative Political Stud-*

ies 35 (2002).

Zhou, Yongming. "Social Capital and Power: Entrepreneurial Elite and the State in Contemporary China." *Policy Sciences* 33 (2000).

Zmerli, Sonja. "Applying the Concepts of Bonding and Bridging Social Capital to Empirical Research." *European Political Science* 2, no. 3 (2003).

后　记

这本书从构思到最后出版，凝结着很多人的心血和付出，此时此刻我要感谢的人很多很多。

饮水思源，是我的母校——中国人民大学国际关系学院，为我打下扎实的学科基础，在校求学期间我对国际问题、地区研究产生了浓厚的兴趣。在本科和研究生学习阶段，陈岳、宋新宁、张晓劲、杨光斌、景跃进等老师严格的治学标准为我在社会科学领域深入钻研树立了崇高的榜样。在中国人民大学攻读硕士学位期间，我的导师张惟英老师一直无微不至地关心着我的成长和学习。在美国获得博士学位以后，我又回到了母校，在前辈和同仁的关心和支持下，我很快适应了工作上的转变，开始把自己过去在科学研究上的设想一步步变为现实。在这本书的出版过程中，中国人民大学国际关系学院和社会科学文献出版社给予了大量的支持和帮助，在此表示由衷的感谢。

引导我对社会资本研究产生浓厚兴趣的是我在美国求学期间的导师——现在美国爱达荷大学的陈捷教授。他在中国问题研究以及社会科学定量研究方面的深厚造诣使我获益匪浅。在美国攻读博士学位期间，我对发展中国家在政治经济发展中的问题与挑战进行了深入的思考和研究。在陈捷教授的启发下，我的博士论文选取社会资本研究作为切入点，将中国的政治和社会现代化过程放入地区比较和理论创新的视角中进行研究。回国以后，我有了更多的机会去接触第一手材料，通过继续在这一领域深入钻研，在众多师长、同僚的关心和指导下，终于完成了这本研究中国农村地区社会资本现状的阶段性成果。

最后，我要感谢我的家人，我的父母一直默默支持我的求学和科研，没有他们的付出，不可能有这本书的问世。还要特别感谢我的爱人——卢春龙，我们不仅是生活上最好的伴侣，而且也是学术研究中互相扶持的搭档。

  我会在接下来的研究中更加用心,争取用更好的成果回报所有关心支持我的人。

夏 敏

2014 年 12 月 8 日

北京,中国人民大学

图书在版编目(CIP)数据

当代中国农村地区社会资本研究/夏敏著.—北京:社会科学文献出版社,2015.3

(中国政治发展与比较政治)

ISBN 978 – 7 – 5097 – 7141 – 9

Ⅰ.①当… Ⅱ.①夏… Ⅲ.①农村 – 社会资本 – 研究 – 中国 Ⅳ.①F323

中国版本图书馆 CIP 数据核字(2015)第 032431 号

·中国政治发展与比较政治·
当代中国农村地区社会资本研究

著　　者 / 夏　敏

出　版　人 / 谢寿光
项目统筹 / 宋浩敏　曹义恒
责任编辑 / 宋浩敏

出　　版 / 社会科学文献出版社·社会政法分社(010)59367156
　　　　　　地址:北京市北三环中路甲29号院华龙大厦　邮编:100029
　　　　　　网址:www.ssap.com.cn

发　　行 / 市场营销中心(010)59367081　59367090
　　　　　　读者服务中心(010)59367028

印　　装 / 三河市尚艺印装有限公司

规　　格 / 开　本:787mm×1092mm　1/16
　　　　　　印　张:12　字　数:195千字

版　　次 / 2015年3月第1版　2015年3月第1次印刷

书　　号 / ISBN 978 – 7 – 5097 – 7141 – 9

定　　价 / 49.00元

本书如有破损、缺页、装订错误,请与本社读者服务中心联系更换

▲ 版权所有 翻印必究